100 anni

Un sec vita

CW01582335

Paule Gefelt

Prefazione

Quando aprite questo libro, state per viaggiare nello straordinario mondo di Charles Aznavour, un artista che ha conquistato i cuori e le menti di intere generazioni.

Il libro di Paule Gefelt, meticolosamente studiato e scritto con passione, è una finestra sulla vita e sull'opera di questo gigante della chanson francese.

Aznavour, un nome che evoca tanti ricordi, emozioni e momenti condivisi.

Il suo viaggio dalle umili origini al riconoscimento mondiale è una fonte di ispirazione senza pari.

Paule ha catturato l'essenza della sua vita, non solo come artista, ma anche come uomo dalle mille sfaccettature.

Attraverso questo libro, scoprirete Aznavour da ogni punto di vista: il bambino, l'artista in divenire, il combattente della resistenza, l'amico, l'amante delle parole e delle melodie, e infine l'icona.

Ogni capitolo è un'esplorazione, un tributo al suo contributo alla musica, al cinema e non solo.

Dalle collaborazioni con Edith Piaf e Pierre Roche all'epopea americana, dalle prime recensioni alla consacrazione, questo libro è un resoconto completo e affascinante.

Ma non è solo la storia di Aznavour.

È anche la storia della chanson francese, la sua evoluzione, la sua ricchezza e il suo impatto culturale.

Paule ci porta dietro le quinte dell'Olympia e sui palcoscenici internazionali dove Aznavour ha lasciato un segno indelebile.

Il viaggio di Paule è allo stesso tempo intimo e universale, proprio come lo era la musica di Aznavour.

Questo libro è un tesoro per tutti coloro che ammirano Aznavour, per coloro che cercano di capire la sua eredità e per le generazioni future che scopriranno la sua musica e la sua poesia.

Paule Gefelt non ci offre solo una biografia, ma uno specchio in cui si riflettono un'epoca, un artista e l'anima di una cultura.

Sono onorato di prefare questo libro, che senza dubbio diventerà un riferimento essenziale per tutti gli amanti della musica, dell'arte e della vita.

Jimmy Lacran

L'autore

All'età di 38 anni, Paule Gefelt si distingue come un'esperta moderna e connessa nel campo della chanson francese.

Vivendo a Parigi, si immerge nel mondo digitale per arricchire la sua comprensione e la sua passione per la musica, in particolare per l'opera di Charles Aznavour.

Il suo approccio alla ricerca è fortemente radicato nell'era digitale. Paule trascorre gran parte del suo tempo navigando in vari forum online, blog specializzati e siti dedicati alla musica.

Queste piattaforme offrono un accesso diretto a discussioni attuali, opinioni diverse e analisi dettagliate sull'opera di Aznavour e sulla chanson francese in generale.

Frequenta forum in cui gli appassionati di musica condividono aneddoti, interpretano testi e discutono delle influenze musicali.

Per lei questi spazi online sono una fonte inestimabile di informazioni e di ispirazione, che le permettono di raccogliere prospettive diverse e talvolta inaspettate.

Oltre ai forum, Paule consulta regolarmente siti web specializzati in musica, blog di esperti e archivi online.

Utilizza queste risorse per approfondire la comprensione del contesto storico e culturale delle canzoni di Aznavour e per tenersi al corrente delle tendenze attuali nell'interpretazione della sua musica.

Anche i social network svolgono un ruolo cruciale nella ricerca.

Paule utilizza piattaforme come Twitter e Instagram per interagire con altri appassionati di musica, scambiare idee e tenersi aggiornato sulle ultime notizie e analisi musicali.

Questo coinvolgimento attivo nel mondo digitale arricchirà il suo prossimo libro su Aznavour.

Ha intenzione di incorporare prospettive contemporanee e diverse, riflettendo il modo in cui la musica di Aznavour continua a toccare e ispirare le persone oggi.

Paule è convinta che la ricchezza del suo libro deriverà da questa combinazione unica di fonti tradizionali e moderne, offrendo uno sguardo fresco e completo sul lavoro del leggendario artista.

Contenuti

Introduzione

Charles Aznavour, un gigante della canzone francese, ha lasciato il segno nei cuori e nelle menti di tutto il mondo.

La sua voce, intrisa di profondità ed emozione, ha catturato l'attenzione di generazioni, rendendolo un'icona dell'arte francese.

Ha tradotto in musica le gioie, i dolori, gli amori e le delusioni della vita, elevando il suo lavoro a una rara universalità.

La sua eredità musicale è incommensurabilmente ricca, ogni canzone e nota risuona di emozioni profonde e di poesia duratura.

La sua carriera è stata segnata da decenni di successi, centinaia di canzoni, milioni di album venduti e concerti in sedi prestigiose, a testimonianza dell'ammirazione del pubblico per una carriera lunga più di mezzo secolo.

Da umili origini a superstar internazionale, Aznavour si è evoluto e reinventato, toccando il cuore di persone di ogni età e provenienza.

La sua carriera è una storia di determinazione, passione e talento, segnata da incontri decisivi e momenti di dubbio, simbolo di perseveranza.

La sua carriera si inserisce in un ricco contesto storico e culturale, riflettendo le emozioni e le storie del suo tempo e fungendo da ponte tra le generazioni.

Aznavour rimane un pilastro della chanson francese, trascendendo confini ed epoche per lasciare un'eredità musicale immortale.

La sua ascesa alla fama, dagli umili inizi nei cabaret parigini alla fama internazionale, è una storia avvincente di perseveranza, talento e passione.

Questi cabaret, dove ha affinato il suo mestiere e interagito con il pubblico, sono stati la culla della sua fama.

Il successo iniziale in queste sedi lo ha spinto a intraprendere tournée internazionali, consolidando la sua fama a livello mondiale.

La sua musica, che raggiunge pubblici diversi, lo ha reso un fenomeno globale, un artista che ha toccato l'anima universale della condizione umana.

La famiglia

La storia delle origini della famiglia Aznavourian si intreccia nel complesso e tormentato tessuto della storia del primo Novecento, segnata dai conflitti e dalle tragedie dell'epoca.

Al centro di questi sconvolgimenti, la guerra turco-greca e le sue conseguenze ebbero un effetto profondo sul loro destino.

Nel 1923, sebbene l'orrore dei massacri di armeni in Turchia fosse leggermente diminuito rispetto al picco del 1915, la comunità armena continuava a subire sporadiche discriminazioni e violenze.

È in questo contesto travagliato che la famiglia Aznavourian ha forgiato il suo percorso.

Mamigon Aznavourian, patriarca della famiglia, è nato nel 1897 ad Akhaltsikhé, allora città dell'Impero russo, oggi parte della Georgia.

Figlio di un cuoco al servizio del governatore dell'Armenia, la sua vita subisce una svolta decisiva quando si trasferisce a Istanbul.

Lì iniziò la carriera di cantante, con la sua voce baritonale che risuonava nei cabaret della città.

Ma è a Istanbul che Mamigon incontra Knar Baghdassarian, un'attrice armena che ha perso tutta la sua famiglia durante il genocidio armeno.

Questo incontro segnò una svolta nella loro vita, gettando le basi di una famiglia che avrebbe lasciato un segno nella cultura francese attraverso il figlio Charles Aznavour.

Il loro matrimonio fu l'inizio della loro ricerca di una nuova vita, in fuga dai problemi dell'Impero Ottomano.

Armati di un passaporto russo e dell'aiuto di una benefattrice armena, si imbarcano su una nave italiana, lasciandosi alle spalle un passato doloroso per un futuro migliore.

Il loro primo porto di scalo fu Salonicco, in Grecia, dove la famiglia cominciò a crescere con la nascita della figlia Aïda nel gennaio 1923.

Salonicco era solo uno scalo e Mamigon e Knar, spinti dal desiderio di raggiungere gli Stati Uniti, si imbarcarono su un cargo francese. Ma il destino decise diversamente e la coppia si ritrovò sbarcata a Marsiglia nell'ottobre del 1923.

Da Marsiglia, il loro viaggio li porta a Parigi, dove Missak, il futuro nonno di Charles Aznavour, si è già stabilito. Parigi diventa la loro nuova casa, una città che offre loro speranza e opportunità.

Charles Aznavour è nato nel maggio del 1924 e sul suo atto di nascita ufficiale, redatto il 22 maggio 1924 presso il municipio del 6° arrondissement, è registrato semplicemente come Charles.

La sua nascita segna l'inizio di una nuova generazione pronta a portare avanti l'eredità familiare e culturale.

Quando gli Aznavouriani arrivarono a Parigi, iniziò una nuova vita, segnata dal duro lavoro e dalla perseveranza. Knar, la madre di Charles, divenne sarta e Mamigon, il padre, continuò la sua passione per la cucina come chef.

Missak Aznavourian, nonno di Charles, era emigrato in Russia nel 1870 e aveva già stabilito la sua presenza a Parigi aprendo il ristorante "Le Caucase", che divenne un centro per la comunità armena in esilio.

Mamigon ha affiancato il padre in questo ristorante, contribuendo al suo successo e alla sua atmosfera culturale.

In questo ambiente, il padre di Charles, Misha (Micha) Aznavourian, canta condividendo il suo patrimonio musicale e armeno, mentre la madre, attrice, dà il suo contributo artistico.

Questa atmosfera, ricca di arte e cultura, ha avuto una profonda influenza sui giovani aznavusi, soprattutto su Charles, che è cresciuto circondato dalla creatività e dall'espressione artistica.

Parigi divenne per loro un crogiolo di possibilità, plasmando Charles Aznavour come artista fin dalla più tenera età.

L'infanzia

La traiettoria della famiglia Aznavourian a Parigi continua a intrecciarsi con il mondo dell'arte e dello spettacolo.

Misha Aznavourian, padre di Charles, aprì un caffè in rue du Cardinal-Lemoine, di fronte all'École des enfants du spectacle. Questo spazio diede al giovane Charles Aznavour l'opportunità di avvicinarsi al mondo dello spettacolo, il mondo in cui si sarebbe evoluto.

All'età di 9 anni, in un gesto simbolico che segna l'inizio della sua carriera artistica, adotta il nome d'arte "Aznavour".

Con questo nome muove i primi passi sul palcoscenico come cantante e attore al Théâtre du Petit Monde.

Questo teatro, fondato nel 1919, era noto come trampolino di lancio per molti artisti emergenti e ha visto il debutto di molti che sarebbero diventati famosi.

Oltre a Charles Aznavour e a sua sorella Aïda, qui hanno mosso i primi passi personaggi come Colette Renard, Roland Blanche, Johnny Hallyday e il produttore Paul Lederman.

Il teatro era quindi più di un semplice spazio per spettacoli; era un vero e proprio incubatore di talenti, un luogo dove i giovani artisti potevano esplorare e sviluppare le loro capacità creative.

Durante gli anni trascorsi al Théâtre du Petit Monde, Charles Aznavour fece un'esperienza formativa.

Hanno affinato le sue doti artistiche e risvegliato una passione per il palcoscenico che durerà tutta la vita.

Il coinvolgimento della sua famiglia nel mondo dello spettacolo e le sue prime esperienze sul palcoscenico hanno gettato le basi per la sua futura carriera, segnando i primi passi della sua ascesa alla celebrità.

I ruoli principali

La carriera cinematografica di Charles Aznavour inizia in giovane età, quando fa le sue prime apparizioni nel mondo del cinema.
Nel 1936, a soli 12 anni, ottiene un ruolo nel film "La Guerre des gosses", diretto da Eugène Deslaw e Jacques Daroy.

In questo film, Aznavour interpreta il "Narrateur Petit", accanto a eminenti attori dell'epoca come Jean Murat, Saturnin Fabre e Michèle Alfa.

Due anni dopo, nel 1938, fa una breve apparizione in "Les Disparus de Saint-Agil", diretto da Christian-Jaque.

Anche se il suo ruolo non è stato accreditato, la sua interpretazione di un'allieva del collegio ha dimostrato la sua capacità di integrare una troupe cinematografica.

Il film, interpretato da attori del calibro di Erich von Stroheim, Pierre Blanchar e Armand Bernard, esplorava la vita e i misteri di un collegio, dando ad Aznavour un'altra opportunità di apparire in un contesto cinematografico.

Questi primi ruoli in "La Guerre des gosses" e "Les Disparus de Saint-Agil" furono le pietre miliari dell'inizio della sua carriera cinematografica negli anni Trenta.

Queste prime esperienze hanno iniziato a formare l'artista versatile che Charles Aznavour è diventato.

L'occupazione

Durante la Seconda guerra mondiale, un periodo buio e travagliato, Charles Aznavour e la sua famiglia diedero prova di coraggio e umanità.

Il loro modesto appartamento di tre stanze al 22 di rue de Navarin, a Parigi, divenne un rifugio per ebrei e altri perseguitati dai nazisti.

Aznavour ha descritto il luogo come un santuario, che offre sicurezza in tempi incerti.

La famiglia Aznavour, tra cui Michael e Knar, oltre alla figlia Aïda, ha nascosto e protetto le persone in pericolo, salvando vite umane e dimostrando la propria compassione e il proprio coraggio.
Questo atto eroico influenzò profondamente Aznavour, plasmando il suo approccio alla vita e all'arte e influenzando i temi della sofferenza umana e della resilienza nelle sue canzoni e nelle sue performance.

Un esempio eclatante fu l'accoglienza riservata a un ebreo rumeno sfuggito alle persecuzioni in Germania, che trovò rifugio presso di loro grazie all'intervento di Michael Aznavour.

Aida Aznavour ricorda la loro empatia per la comunità ebraica, nonostante i rischi immediati che avrebbero corso se le loro azioni fossero state scoperte dai nazisti.

La loro casa è diventata un rifugio per quest'uomo, che è stato trattato calorosamente e ha persino condiviso il letto di Charles per alcune notti.

Nel bel mezzo dell'occupazione di Parigi durante la Seconda Guerra Mondiale, la famiglia Aznavour divenne un rifugio per coloro che cercavano sicurezza.

Accolsero Simon, un ebreo parigino fuggito dal campo di Drancy, segnando un altro passo nella loro missione di salvataggio.

Il loro appartamento divenne un rifugio non solo per gli ebrei in fuga, ma anche per i soldati armeni che avevano disertato l'esercito tedesco.

L'appartamento ha ospitato talvolta fino a undici rifugiati, che hanno condiviso un piccolo spazio in un clima di solidarietà e compassione, nonostante gli alti rischi.

Michael e Knar Aznavour sono stati fondamentali per la sopravvivenza di questi rifugiati, aiutandoli a ottenere documenti falsi.

Anche Charles e Aïda, all'epoca adolescenti, contribuirono attivamente, in particolare bruciando le uniformi naziste dei disertori armeni e smaltendo discretamente le ceneri, azioni rischiose ma fondamentali per la sicurezza di tutti.

Manouchian

La famiglia Aznavour a Parigi ha profondi legami con Melinee e Missak Manouchian, una coppia armena che ha svolto un ruolo cruciale nella

Resistenza francese durante la Seconda Guerra Mondiale.

I Manouchiani erano figure di spicco dell'Affiche Rouge, un movimento di resistenza clandestino famoso per la sua audacia e il suo impegno nella lotta contro l'occupazione nazista.
Sebbene Charles Aznavour abbia sottolineato che i suoi genitori, Michael e Knar, non erano membri di questa organizzazione di resistenza, hanno comunque fornito un aiuto significativo alla rete.

In un atto di solidarietà e coraggio, la famiglia Aznavour ospitò Melinee e Missak Manouchian per diversi mesi, offrendo loro un rifugio sicuro mentre erano attivamente ricercati dalla Gestapo.

Charles Aznavour ricorda questo periodo con struggente chiarezza: "I miei genitori erano consapevoli del pericolo costante, ma io e mia sorella lo capimmo solo più tardi".

Per Charles e Aïda, che all'epoca erano adolescenti, la gravità della situazione non era pienamente apprezzata.

Hanno vissuto la loro adolescenza spensierata, seguendo le orme dei genitori, senza comprendere appieno i rischi connessi.

Cittadini

Nel 1947 si volta una nuova pagina per la famiglia Aznavour.

Dopo quasi due decenni di attesa speranzosa, sono stati finalmente riconosciuti come cittadini francesi.

Questo momento solenne ha segnato la fine di un periodo della loro vita caratterizzato da un impegno profondo e coraggioso nei confronti della Francia.

Il padre di Charles, Mamigon, si arruolò nell'esercito francese allo scoppio della guerra nel 1939 e nel 1941 si unì alla Resistenza, combattendo contro l'oppressione nazista e difendendo i valori di libertà e giustizia.

Accanto all'impegno militare di Mamigon, la famiglia Aznavour si distinse per altruismo e umanità, diventando un rifugio per gli ebrei perseguitati.

Dopo la guerra

Nell'immediato dopoguerra, la Francia, scossa e segnata da anni di conflitto, ha affrontato una sfida erculea: ricostruire non solo le città e le infrastrutture, ma anche l'anima stessa della nazione.

In questo clima di rinascita, la cultura e le arti sono emerse come pilastri cruciali, fungendo da catalizzatori per la guarigione morale ed emotiva del Paese.

Era un periodo in cui il contributo degli artisti assumeva una dimensione particolarmente significativa.

Le loro opere non erano un semplice intrattenimento, ma un balsamo per i cuori feriti, e la musica in particolare ha svolto un ruolo fondamentale, tessendo legami di unità tra gli strati di una società ancora segnata dallo stigma della guerra, dalle privazioni e da ricordi struggenti.

Questo periodo del dopoguerra, ricco di cambiamenti, è stato anche un momento di innovazione e creatività nelle arti.

Liberi dalle catene della censura e dalle restrizioni imposte dalla guerra, gli artisti dell'epoca sfidarono nuovi territori creativi, sperimentando audacemente nuove forme e stili.

Questa effervescenza pose le basi per un'epoca di prosperità e ricchezza culturale, preannunciando un futuro luminoso per l'arte francese.

Parigi del dopoguerra

La Parigi del dopoguerra, uscita dagli anni della guerra, era un crogiolo di energie nuove ed esuberanti, essenziali per lo sviluppo della cultura e della vita notturna.

I caffè, i cabaret e i jazz club della città sono diventati simboli di rinascita e celebrazione della vita.

Questi locali hanno rivitalizzato i quartieri parigini, diventando punti di incontro per scrittori, artisti, intellettuali e musicisti.

I caffè servivano come forum per vivaci discussioni su politica, arte, filosofia e letteratura, favorendo la nascita di nuove idee e movimenti artistici. Cabaret e jazz club animavano la vita notturna con musica dal vivo, balli e spettacoli, attirando un pubblico eterogeneo in cerca di divertimento.

In queste strutture, lo spirito di festa e di gioia dopo anni di conflitto era palpabile. La musica, la danza e le risate simboleggiavano la gioia di vivere e la resilienza. Le canzoni dell'epoca, cantate da artisti come Charles Aznavour, toccavano i temi dell'amore e della felicità, riflettendo il desiderio collettivo di leggerezza e rinnovamento.

Charles Aznavour ha iniziato a lavorare nella Parigi del dopoguerra e ha iniziato a forgiare il proprio percorso nel mondo della musica, sviluppando uno stile che sarebbe diventato il suo marchio di fabbrica.

Aznavour non era solo un cantante; era un narratore, un poeta che dava vita a storie toccanti e struggenti, storie che risuonavano profondamente nel cuore dei suoi ascoltatori.

Le sue canzoni, vere e proprie finestre sulla vita e sui sentimenti umani, hanno lasciato un segno nella gente grazie alla loro autenticità ed emozione.

La città, con la sua effervescenza culturale e artistica, era un crogiolo di creatività, un luogo in cui si incontravano e si fondevano talenti di ogni orizzonte. Parigi, centro nevralgico della creatività, era una calamita per gli artisti in cerca di espressione e innovazione.

Questa diversità artistica è stata un catalizzatore per il giovane Aznavour, facendolo entrare in contatto con altri artisti, collaborando e scambiando idee; gli incontri casuali si sono spesso trasformati in fruttuose collaborazioni e le vivaci discussioni hanno ispirato nuove opere.

I cabaret e i jazz club, sempre alla ricerca di nuovi talenti, erano il terreno di gioco perfetto per

Aznavour. Lì ha potuto sperimentare, farsi un nome e infine affermarsi come uno degli artisti più influenti della sua generazione.

Ogni tappa, ogni esibizione è stata una tappa nella costruzione della sua eredità musicale, un'eredità che continua a risuonare in tutto il mondo.

Pierre Roche

Una svolta nella carriera di Charles Aznavour avvenne negli anni '40 quando incontrò Pierre Roche, un talentuoso pianista jazz di Beauvais.

Questo incontro sarebbe stato l'inizio di una collaborazione fruttuosa e influente.

Insieme formano un duo, unendo i loro talenti per esibirsi sul palco.

Durante una delle loro prime apparizioni in pubblico, una felice coincidenza li presentò come il duo "Pierre Roche e Charles Aznavour".

Questo errore fortuito piacque loro e decisero di mantenere il nome, segnando l'inizio ufficiale del loro sodalizio artistico.

All'inizio Aznavour cantava soprattutto cover di canzoni famose di Charles Trenet, Maurice Chevalier e altri artisti famosi dell'epoca.

Col tempo, tuttavia, ha iniziato a esplorare il proprio talento come paroliere e a scrivere le proprie canzoni.

Pierre Roche, da parte sua, contribuisce con la sua maestria nella composizione, creando melodie che si integrano perfettamente con i testi di Aznavour.

Nel 1943, la loro collaborazione artistica produsse alcune canzoni notevoli.

"J'attends l'inconnu", con testo di René Laporte, è una composizione di Lawrence Riesner e Pierre Roche.

Nello stesso anno, anche canzoni come "Avec toi pour toujours", "Dame de cœur" e "Quand la ville dort", tutte con testi di Lawrence Riesner, furono il frutto di questa fertile collaborazione tra Riesner e Roche.

Questi primi anni di collaborazione tra Charles Aznavour e Pierre Roche furono essenziali per lo sviluppo delle rispettive carriere.

Il loro sodalizio arricchì la scena musicale parigina dell'epoca, ma gettò anche le basi per il futuro successo di Charles Aznavour come cantante e autore di fama internazionale.

La loro musica, che fonde le influenze del jazz e della chanson francese, divenne una parte essenziale del panorama musicale del dopoguerra.
Nel 1945, Charles Aznavour recita in "Adieu chérie", diretto dal talentuoso Raymond Bernard.

Il film, interpretato da attori famosi come Danielle Darrieux e Louis Salou, diede ad Aznavour l'opportunità di mostrare il suo talento di attore.

In questo film, ha assunto il ruolo di membro di un duo comico, condividendo lo schermo con il famoso attore e comico Bourvil.

Questa collaborazione le ha permesso di lavorare con artisti affermati e di esplorare una diversa sfaccettatura del suo talento artistico.

Questo ruolo permise ad Aznavour di farsi conoscere da un pubblico più vasto e di diversificare il suo portfolio artistico. Suonare al fianco di Bourvil fu un'esperienza gratificante per Aznavour.

SACEM

Il 29 maggio 1946 Charles Aznavour presenta la domanda di adesione alla Société des auteurs, compositeurs et éditeurs de musique (SACEM).

La sua candidatura è stata sostenuta da due noti personaggi del mondo della musica: Louiguy, famoso per aver composto la melodia de "La Vie en rose" di Édith Piaf, e André Gabrielle, cantante e attore.

L'ammissione al SACEM, una prestigiosa istituzione che tutela i diritti dei creatori di musica, era all'epoca un processo rigoroso.

Ad Aznavour è stata data una data per sostenere l'esame obbligatorio, fissata per il 3 giugno.

Quando arrivò il giorno, Aznavour, indubbiamente nervoso ma determinato, si presentò in una sala del SACEM al 10 di rue Chaptal a Parigi.

L'esame consisteva nel comporre una canzone su un tema dato, in questo caso "Si je voulais". Aznavour superò le aspettative nel tempo concesso, componendo non solo il ritornello e le due strofe richieste, ma anche tre strofe e tre ritornelli completi, rispettando scrupolosamente le regole di rima e struttura imposte dall'esame.

L'eccezionale performance all'esame SACEM testimonia il suo talento e la sua padronanza nella scrittura di canzoni.

Negli archivi del SACEM è ancora conservato il testo della canzone di Aznavour "Si je voulais", annotato con le correzioni in rosso apportate dagli esaminatori.

Nel suo modulo di ammissione, Charles Aznaourian, conosciuto con lo pseudonimo di Aznavour come cantante di duetti, ha registrato sei opere: "Bal du faubourg", "J'ai bu", "Départ express", "La Java des globules", "Boule de gomme" e "Cinq filles à marier".

Incontro con Edith Piaf

Charles Aznavour e Edith Piaf sono due delle più grandi figure della chanson francese.

Il loro incontro nel 1946 è stato un momento importante nella vita di entrambi gli artisti, di cui esistono almeno tre versioni.

La versione più nota e romantica racconta che i due artisti si incontrarono a un ballo parigino.

Aznavour stava ballando quando Edith Piaf lo vide e lo sfidò a insegnarle a ballare il valzer-musette al contrario.

Aznavour accettò la sfida e i due artisti iniziarono un valzer-musetta in direzioni opposte.

La seconda versione, più plausibile ma meno romantica, è che Edith Piaf notò Charles Aznavour durante un concerto che tenne con la sua spalla Pierre Roche.

Colpita dal talento dei due giovani artisti, decide di prenderli sotto la sua ala.

La terza versione, meno conosciuta, racconta che i due artisti si sono incontrati durante un programma radiofonico.

Aznavour ha dichiarato in diverse interviste di aver incontrato la Piaf per la prima volta in questo spettacolo.

È impossibile sapere con certezza quale sia la versione giusta della storia, tanto più che esiste un'altra versione che combina elementi delle versioni precedenti.

Secondo questa versione, Charles Aznavour e Pierre Roche avevano già incontrato Edith Piaf.

Nel 1947, il duo ebbe un notevole successo con la canzone "J'ai bu", cantata da Georges Ulmer, e registrò anche diversi album che riscossero un certo successo.

Il loro talento suscita l'interesse di Édith Piaf, che li invita a fare una tournée in Francia con i Compagnons de la chanson.

La Môme Piaf prese Charles Aznavour sotto la sua ala protettiva e lo soprannominò affettuosamente "le génie con" (il genio stupido), un riconoscimento del suo talento nonostante la mancanza di esperienza.

"Lei è la melodia della mia vita. Una complicità profonda, intessuta di note e di risate", ha ricordato Aznavour in un'intervista a Paris Match.

Aznavour, con il suo talento grezzo, nascondeva la sua timidezza dietro le suole delle piattaforme, un sotterfugio per mascherare la sua mancanza di fiducia.

Fu la petite grande Édith, con la sua voce potente e la sua schiettezza, a vedere il suo potenziale.

Gli consiglia di cambiare il naso, un suggerimento metaforico che lo invita a reinventarsi.

Aznavour, affamato di successo e fiducioso nella visione della Piaf, accettò questo consiglio con piena fiducia.

Canada

Nel 1947-1948, durante la tournée americana di Édith Piaf con i Compagnons de la chanson, Charles Aznavour e il suo complice furono convinti ad accompagnarli. Il duo decise di unirsi a loro negli Stati Uniti.

Quando sono arrivati a New York, hanno incontrato difficoltà impreviste con le autorità statunitensi per l'immigrazione, a causa della mancanza di visti d'ingresso adeguati.

Trattenuti dalle autorità di immigrazione, finirono per trascorrere tre giorni di detenzione nella prigione di Ellis Island.

Fortunatamente, grazie all'intervento di Édith Piaf, che pagò la loro cauzione, furono rilasciati e, dopo un periodo di stenti, si diressero a Montréal.

Lì, alla fine del 1948, riescono a ottenere prenotazioni in due dei locali più noti della città: il Quartier Latin e il Faisan Doré.

L'epopea americana

Il Quebec divenne il palcoscenico della loro epopea americana.

Quando arrivarono in Canada, Roche e Aznavour erano già riconosciuti come duettisti di talento.
La loro complicità sul palco ha rapidamente conquistato i canadesi, assicurando loro un notevole successo.

Incoraggiati da questa accoglienza, hanno deciso di prolungare il loro soggiorno, immergendosi nella cultura canadese.

Il duo, spinto da un vento di audacia, inizia la sua conquista, ottenendo il primo contratto nell'atmosfera silenziosa di un club di Montreal.

Quello che inizialmente era solo un impegno di cinque settimane si è trasformato in un'avventura artistica di quaranta settimane, sotto l'incantesimo di un successo folgorante.

Il loro luogo preferito, "Au Faisan Doré", è diventato il centro della loro espressione artistica.

Lì Aznavour e Roche hanno conquistato il loro pubblico, tenendo undici spettacoli a settimana e affermando rapidamente la loro presenza sulla scena musicale del Quebec.

Nel maggio del 1949 si presentò un'opportunità grazie a Charles Trenet, che li raccomandò a Gérard Thibault, proprietario del cabaret Chez Gérard di Quebec City.

In questo locale popolare, il duo ha continuato ad affascinare il pubblico con il suo carisma e la sua musica accattivante, diventando una sensazione musicale sulla scena della vita notturna del Quebec.

Questo periodo canadese fu ricco di ispirazioni e di incontri in cui Aznavour e Roche gettarono i semi della loro carriera, costruendo le fondamenta di quello che sarebbe diventato l'edificio della chanson francese.

Canzoni come "Les filles de Trois-Rivières" e "En revenant de Québec" nascono dalle loro esperienze e scoperte in questa terra di grandi spazi.

Nel mezzo di questo turbine, Pierre Roche fu colpito dalla freccia di Cupido e fece un incontro decisivo: incrociò una giovane cantante di nome Jocelyne Deslongchamps, che presto sarebbe diventata nota come Aglaé, e decise di tessere il suo futuro nella bella provincia.

Aznavour, invece, con la sua visione solitaria, scelse di avventurarsi come solista, aprendo la strada a un orizzonte di star internazionali.

Così è stata scritta una pietra miliare della storia della musica, che ha risuonato ben oltre le rive del San Lorenzo.

Negli anni Settanta, Aznavour invitò Pierre Roche a raggiungerlo sul palco dell'Olympia per un'esibizione insieme.

"Ho bevuto

Il 1948 segna una tappa fondamentale nella saga musicale di Roche e Aznavour, un momento in cui le prime note della loro sinfonia a due voci cominciano a risuonare in tutto il mondo.

Registrano e pubblicano il loro primo 78 giri sotto l'egida della Polydor, un'introduzione memorabile con le canzoni "J'ai bu" e "C'est le printemps".

"J'ai bu", una melodia già registrata l'anno precedente da Georges Ulmer, trova nuova vita sotto la loro interpretazione, assumendo nuovi colori e nuovi echi.

Il viaggio di Roche e Aznavour continua con l'uscita del loro secondo 78 giri, un disco che scriverà una pagina importante della loro storia.

Questo album, che contiene i titoli "Le feutré taupé" e "Départ express", si distingue per essere il primo album di Aznavour ad essere stampato in Canada.

Questa espansione oltre i confini della Francia è il simbolo di una musica che attraversa gli oceani e i cuori.

"Piove

Nel trambusto di Montreal, questo dinamico duo ha catturato l'essenza della sua nuova casa registrando quattro canzoni emblematiche.

Queste melodie, impregnate dell'atmosfera del Quebec, hanno dato vita a due 78 giri della prestigiosa etichetta londinese.

Tra queste registrazioni spiccano due brani: "En revenant de Québec", una canzone che trasuda sapore locale e autenticità accattivante, e "Il pleut", un'opera che Aznavour regalò originariamente a Édith Piaf nel 1947.

Questi pezzi, pieni di emozione e finezza, sono diventati i rappresentanti di questo periodo creativo, riflettendo il talento degli artisti nell'assorbire e trascrivere l'anima del loro ambiente.

Queste registrazioni a Montreal catturano un momento in cui Roche e Aznavour, lontani dalla loro patria, si sono inseriti brillantemente nel ricco tessuto del Québec, lasciando il segno sulla scena musicale di quella parte del mondo.

Con Edith

Pierre Roche, in Canada, trova l'amore e decide di restare, cambiando il corso della sua vita.

Nel frattempo, Charles Aznavour naviga tra speranza e incertezza, confrontandosi con la possibilità di un abbandono musicale nelle strade di Montreal.
Ma fu l'incontro con Edith Piaf a rappresentare la svolta.

Riconoscendo l'eccezionale talento di Charles Aznavour, Édith Piaf svolse un ruolo cruciale nel promuovere le sue ambizioni e nell'incoraggiarlo a superare le sfide della sua carriera.

L'artista lo ha invitato a sbocciare come solista integrandolo nella sua tournée estiva, offrendogli il ruolo di direttore di scena e artista di apertura, che è stato un importante catalizzatore del suo successo.

Guidato dal sostegno della Piaf, il percorso di Aznavour subisce una svolta decisiva.

Per otto anni si immerge nel mondo della Piaf, assumendo vari ruoli come segretario, autista e confidente, e ogni esperienza contribuisce al suo apprendistato artistico.

Questa convivenza gli ha permesso di comprendere le sfumature della musica e di esercitarsi di fronte a diversi tipi di pubblico.

Sotto la guida della Piaf, Aznavour affinò il suo talento, preparandosi a brillare a pieno titolo sulla scena musicale.

Questa esperienza gli ha insegnato lezioni di semplicità e umiltà, plasmando la sua traiettoria artistica verso un'identità unica e distintiva nel mondo della musica.

Aznavour ricorda le sue parole profetiche: "Aveva previsto il mio successo, dicendomi che avrei avuto una carriera più grande di Montand".

Per Aznavour, il ricordo della Piaf è rimasto un'ispirazione costante, che ha guidato la sua straordinaria carriera.

Gilbert Bécaud

Gilbert Bécaud e Charles Aznavour si sono conosciuti all'inizio degli anni Cinquanta, quando Bécaud lavorava con Edith Piaf e cominciava ad affermarsi come figura di spicco della scena musicale francese.

A quel tempo, Bécaud seguiva già Edith Piaf e conobbe Charles Aznavour, allora promettente artista emergente.

Questo incontro avvenne dopo che la carriera di Bécaud aveva cominciato a decollare, in seguito alle sue prime registrazioni ed esibizioni all'Olympia di Parigi.

I Compagnons de la Chanson

Negli anni Cinquanta, Charles Aznavour tentò senza successo di entrare a far parte del popolare gruppo francese Les Compagnons de la Chanson.

Nonostante ciò, è rimasto amico dei membri del gruppo e ha avuto l'onore di diventare padrino della figlia di Fred Mella, uno dei cantanti del gruppo.

Cosa c'è che non va nel mio naso?

Alla fine del 1950, Édith Piaf riconosce il tormento di Charles Aznavour per il suo grande naso e compie un passo decisivo.

Con acuta sensibilità e con il desiderio di veder fiorire il suo protetto, convinse Aznavour a sottoporsi a un intervento di rinoplastica a New York.

Questo consiglio, lungi dall'essere superficiale, aveva lo scopo di infondere ad Aznavour una rinnovata fiducia, di liberarlo dai complessi che offuscavano il suo splendore.
Cedendo alle argomentazioni della Piaf, Aznavour abbracciò l'idea di questa trasformazione.

L'intervento, molto più di una semplice modifica estetica, ha agito da catalizzatore nella sua vita e nella sua carriera.

Ha aperto le porte a una presenza scenica più decisa, a un rapporto con il pubblico improntato alla fiducia e alla libertà.

La storia di questa rinoplastica è diventata emblematica nella biografia di Aznavour, un racconto rivelatore tra il suo innato talento musicale e la sua immagine personale.

Questa metamorfosi fisica, molto più di una semplice alterazione dei lineamenti, simboleggia un punto di svolta nella vita di Aznavour, segnando sia una rinascita personale sia una nuova fase del suo sviluppo artistico.

Questa metamorfosi segna l'inizio di una carriera leggendaria.

Le canzoni divennero l'espressione della sua anima, i palcoscenici il suo dominio preferito, e il mondo intero iniziò ad ascoltare la sua voce unica.

L'incoraggiamento di Édith Piaf è stato un catalizzatore nella carriera di Charles Aznavour, in particolare nel suo sviluppo come autore di canzoni.

Israele

Fin dalle prime ore dell'indipendenza dello Stato di Israele, nel 1949, Charles Aznavour stabilì la sua base artistica nei vivaci cabaret di Tel Aviv.

Orgoglioso delle sue radici, ha spesso ricordato, con il calore della voce, di essere stato il primo artista francese a esibirsi in Israele, subito dopo la proclamazione dell'indipendenza.

Queste scene, vibranti di vita e di storia, sono state lo scenario dei suoi primi passi verso la fama mondiale.

Nel corso dei decenni, il rapporto di Aznavour con Israele si è trasformato in un rapporto speciale, profondo e duraturo.

Questo legame speciale con Israele non si è affievolito con il tempo.

Al contrario, si è rafforzato, manifestandosi attraverso ripetute visite, e ogni ritorno in terra israeliana è stata una nuova opportunità per Aznavour di stringere legami emotivi con il suo pubblico, di condividere la sua musica e le sue storie, di creare ricordi duraturi.

A Tel Aviv, Aznavour non era solo un artista sul palcoscenico: era un messaggero di cultura, un ponte tra i popoli, che celebrava la diversità e l'unità attraverso la sua musica.

Le sue esibizioni sono state momenti di comunione, in cui i fan israeliani hanno potuto immergersi nelle sue melodie, vivendo momenti di pura magia e di evasione musicale.

L'artista ha conquistato il cuore di Israele durante i suoi tre concerti che hanno registrato il tutto esaurito, affascinando sia i francofoni che gli israeliani. "Non lo dico perché sono qui, ma ci sono città al mondo che preferisco e devo ammettere che la mia città preferita è Tel Aviv perché si muove molto", ha dichiarato con entusiasmo a Tel Aviv nel 2017.

Le sue famose canzoni hanno trovato una nuova eco in ebraico, grazie ad artisti come Matti Caspi e Achinoam Nini (Noa).

Le sue copertine, come "Yerushalaim" e "La Yiddish Mama", erano tributi vibranti a questa terra e alla sua gente.
Nella sua carriera cinematografica ha interpretato brillantemente diversi personaggi ebrei in film come "Qu'est-ce qui fait courir David", "Yiddish Connection" e "Mangeclous".

Il Presidente israeliano Réouven Rivlin gli ha consegnato una medaglia della Fondazione Raoul Wallenberg, ricordando che durante l'occupazione la famiglia Aznavour è stata un rifugio di pace per decine di ebrei e armeni durante l'Olocausto.

"Il Talmud dice che chi salva una sola vita salva un mondo intero", ha detto il Presidente Rivlin. "Tu e la tua famiglia, caro Carlo, avete salvato molti mondi durante i giorni bui della Seconda guerra mondiale in Francia".

Il 29 giugno 2019 avrebbe dovuto tenere un nuovo concerto in Israele, a Tel Aviv, un anno e mezzo dopo la sua ultima esibizione e poche settimane dopo il suo 95° compleanno.

"Più bello dei tuoi occhi

Il ritorno di Charles Aznavour in Francia dopo il soggiorno in Québec segna una nuova svolta nella sua carriera.

Diventato solista, firma un contratto con Ducretet-Thompson-Seller che gli apre nuovi orizzonti musicali.

Sotto questa insegna, Aznavour incise su 78 giri la canzone "Plus beau que tes yeux", una melodia che era già stata immortalata da Édith Piaf l'anno precedente.

Lungi dall'essere una semplice imitazione, questa copertina è impregnata della sensibilità e dell'interpretazione unica di Aznavour, aggiungendo una nuova dimensione a quest'opera già iconica.

Il rapporto di Aznavour con questa canzone non si esaurisce con questo 78 giri: quarantacinque anni dopo, nel 1997, Aznavour rivisita "Plus beau que tes yeux" in modo straordinario per il suo album "Plus bleu...".

In un duetto virtuale con la grande Piaf, crea un ponte nel tempo, unendo la sua voce a quella della defunta icona in un momento di grazia musicale.

Questa collaborazione postuma, commovente e innovativa, testimonia la profonda ammirazione e il legame tra Aznavour e Piaf.

Rivisitando "Plus beau que tes yeux" a distanza di decenni, Aznavour non si limita a rendere omaggio alla Piaf, ma offre al suo pubblico un viaggio nel tempo, un mix di nostalgia e modernità.

"Vieni a piangere sulla mia spalla

Mentre l'etichetta Ducretet-Thompson semplificava il suo nome, Charles Aznavour raddoppiava gli sforzi.

Fu un periodo di abbondanza creativa per l'artista, durante il quale produsse molta musica: vennero pubblicati sei 78 giri, due 45 giri e due LP da 25 cm, arricchendo il suo repertorio con una varietà di canzoni nuove e accattivanti.

Tra queste nuove creazioni, alcune canzoni spiccano e lasciano il segno. "Viens pleurer au creux de mon épaule" si rivela un vero e proprio gioiello, una canzone che non solo tocca il cuore del grande pubblico, ma che rivela Aznavour sotto una nuova luce, affermandolo come cantante eccezionale.

Anche un'altra melodia, "Parce que", è diventata emblematica del suo talento unico.

Il rapporto di Aznavour con "Parce que" è particolarmente notevole.

Dopo averla trascurata sul palco per oltre cinquant'anni, l'ha eseguita in un memorabile concerto al Bell Centre di Montreal nel 2016.

Questo momento, quando rivisita questa canzone dopo tanti anni, è pervaso da un'emozione palpabile, una gioia pura sia per lui che per il pubblico.

È come se Aznavour, riproponendo "Parce que", facesse rivivere anche una parte della sua storia, offrendo ai suoi fan un viaggio a ritroso nel tempo, un tuffo nella ricchezza della sua carriera musicale.

Ogni 78 giri, ogni 45 giri, ogni 33 giri di quell'epoca è un capitolo della sua leggenda, una testimonianza del suo genio.

"Dopo l'amore

"Sur ma vie", la canzone che si è imposta come pilastro del repertorio di Charles Aznavour, ha fatto la sua prima luminosa apparizione sulla scena discografica sotto forma di un 78 giri.

Questa melodia, dolce e potente al tempo stesso, divenne ben presto molto più di una semplice canzone: divenne un inno, un simbolo dell'arte di Aznavour.

L'anno successivo alla sua uscita, "Sur ma vie" diventa il primo numero 1 del cantante, una consacrazione che segna l'inizio di un'era di successi senza precedenti per lui.

L'anno in cui nacque "Sur ma vie" vide anche la creazione di un'altra delle opere principali di Aznavour, "Après l'amour".

Questa canzone, con il suo testo intimo ed evocativo, ha catturato l'essenza dei momenti più privati e delicati dell'amore.

Tuttavia, non tutti erano entusiasti della sua franchezza e audacia lirica.

"Après l'amour" fu censurata perché troppo esplicita per l'epoca. Ma lungi dal diminuire l'impatto della canzone, la censura sottolineò la profondità e la verità dell'espressione di Aznavour, e forse contribuì anche alla sua aura leggendaria.

Sur ma vie" e "Après l'amour" non sono semplici canzoni, ma pietre miliari della carriera di Aznavour.

Il primo, celebrato e acclamato, ha aperto la strada al suo successo commerciale. Il secondo, affrontato con la censura, fu una testimonianza della sua audacia come artista.

Insieme, illustrano la dualità della sua carriera: la ricerca dell'approvazione popolare e il desiderio di rimanere fedele alla sua visione artistica, a prescindere dalle controversie.

Le recensioni

Le prime recensioni

All'alba degli anni Cinquanta, proprio quando Charles Aznavour cominciava a brillare sulla scena musicale francese, dovette affrontare alcune aspre critiche.

I commenti taglienti della stampa, che lo descrivevano come "un piccolo uomo, un piccolo cantante", sottolineavano la sua piccola taglia e il suo aspetto, a volte con un tocco di derisione.

Queste parole, taglienti e spietate, avrebbero potuto scuotere la fiducia di un artista meno determinato.

I commenti sulla sua voce nasale e sulla mancanza di potenza vocale erano temi ricorrenti, che riflettevano le esigenze di un mondo artistico alla costante ricerca dell'eccellenza.

Nonostante questi giudizi, Aznavour accolse queste sfide come opportunità di crescita.

Con resilienza e determinazione, si è dedicato ad affinare la sua tecnica vocale e a sviluppare il suo stile musicale unico.

Questo periodo di interrogazione e reinvenzione è stato cruciale nel formare l'artista che è diventato.

Il suo aspetto e il suo stile, sebbene talvolta criticati, hanno solo rafforzato la sua determinazione.

Nonostante gli avvertimenti dei suoi insegnanti di canto, che cercarono di scoraggiarlo, Aznavour perseverò nello sviluppo della sua gamma vocale, raggiungendo una notevole ampiezza di quasi tre ottave.

È stato in grado di trasformare le percezioni negative in vantaggi distintivi, dimostrando che l'autenticità e la tenacia possono trionfare sulle critiche superficiali.

La sua carriera incarna un'indomabile forza di carattere e la capacità di forgiare un percorso unico, sfidando le sfide che si presentano sul suo cammino.

La sua voce, un tempo oggetto di scherno, è diventata una firma iconica, ammaliando un pubblico internazionale e creando uno stile inimitabile che ha lasciato un segno indelebile nella storia della chanson francese.

Allo stesso modo, la sua statura modesta e il suo singolare linguaggio del corpo non si sono trasformati in handicap, ma sono diventati elementi distintivi della sua presenza scenica.

Tuttavia, è all'interno di questi tratti incessantemente esaminati che Charles Aznavour ha tratto la quintessenza di ciò che ha forgiato la sua identità artistica, come una forza della natura che emerge dai tormenti della critica.

Il suo fascino naturale, lungi dall'affievolirsi sotto il peso di giudizi acerbi, si è al contrario intensificato, creando un legame indissolubile con un pubblico incantato dalla sua genuina sincerità.

Aznavour di Aznavour

Nella sua biografia "Aznavour by Aznavour", pubblicata nel 1970 da Fayard, Charles Aznavour rivela con disarmante onestà gli "handicap" percepiti che ha dovuto affrontare fin dagli inizi della sua carriera nel 1933.

La sua statura modesta, lungi dall'essere una mera caratteristica fisica, divenne oggetto di scherno, e la sua voce roca e nasale, i suoi gesti nervosi e il suo aspetto furono spesso giudicati duramente da un pubblico e da una critica spietati.

Ma queste lotte interne e queste sfide esterne hanno avuto un effetto profondo su Aznavour.

Ma è in queste sfide che risiede la vera essenza di Aznavour.

In questo racconto autobiografico, Aznavour non si limita a raccontare la sua storia, ma offre una lezione di vita, una testimonianza della forza di volontà e del potere dell'arte.
I suoi "handicap" percepiti non erano barriere, ma trampolini di lancio verso la grandezza.

Le pagine di "Aznavour by Aznavour" dipingono il ritratto di un artista che, lungi dal lasciarsi definire o limitare dalla critica, è stato in grado di alzare la voce al di sopra dei pregiudizi, forgiando la sua strada verso una fama immortale.

Casablanca

Nel 1953, Charles Aznavour, allora agli albori della sua fama, visse un momento cruciale della sua carriera artistica, un anno impresso negli annali della sua carriera come l'alba del suo successo sul palcoscenico.

Questa metamorfosi avviene in Marocco, durante una tournée che segna una svolta decisiva.

Lì, sotto un cielo stellato africano, Aznavour si è rivelato a un pubblico marocchino entusiasta, che ha accolto la sua musica con calore e ricettività palpabili.

Questo successo sulla scena marocchina funge da catalizzatore per Aznavour.

Ha rafforzato la sua fiducia in se stesso come artista, illuminando la verità che aveva intuito da tempo: la sua musica aveva il potere di toccare i cuori e le anime.

Ispirato dai volti e dagli applausi di coloro che lo avevano ascoltato e amato, si mise a creare nuove canzoni e nuove performance, ogni nota e parola infuse con l'energia di questa esperienza trasformativa.

In netto contrasto con l'accoglienza talvolta fredda e ostile ricevuta sui palcoscenici francesi, Charles Aznavour ha vissuto un'esperienza memorabile quando si è esibito al Jardin d'Hiver di Casablanca, in Marocco.

Qui, in questo ambiente caldo ed esotico, ha ricevuto un'accoglienza trionfale da parte del pubblico marocchino.

Lo spettacolo "Les Trois Notes", che ha visto la partecipazione di personaggi di talento come Aznavour, Florence Véran, l'anima di "Je hais les dimanches", e Richard Marsan, geniale imitatore e futuro architetto artistico di Léo Ferré, ha diffuso il suo incanto ben oltre i confini di Casablanca.

Questa performance, immersa nella magia della fusione di diversi universi musicali, ha catturato l'essenza di un successo clamoroso, trascendendo le aspettative e i confini geografici.

Durante il suo tour di tre mesi in Nord Africa, con tappe memorabili in Algeria e Tunisia, Charles Aznavour ha scatenato la magia del suo talento, affascinando le folle in ogni città che ha visitato.

A Marrakech, nell'atmosfera incantata del casinò, sotto le luci scintillanti e le volte stellate, era presente uno spettatore come nessun altro: Jean Baudet, direttore del famoso Moulin-Rouge di Parigi.

Baudet, in vacanza e lontano dalla frenesia di Parigi, rimase affascinato dalla performance di Aznavour.

Il suo timbro unico e la sua presenza scenica toccarono qualcosa di profondo nel direttore del Moulin-Rouge e Baudet le offrì un'opportunità d'oro, l'occasione di una vita: esibirsi sul leggendario palco del Moulin-Rouge.

Era la chiave che avrebbe aperto le porte di uno dei cabaret più iconici del mondo.
Al Moulin-Rouge, Aznavour ha incantato il pubblico parigino per tre mesi, facendo risuonare la sua voce e le sue canzoni nei cuori e nelle anime.

Televisione

Il 1955 segna una svolta nella carriera artistica di Charles Aznavour.

Il 3 agosto 1955 Aznavour fa una notevole apparizione al programma televisivo francese "Télé-Paris" a Cannes, un programma culturale condotto e prodotto da Roger Féral e Jacques Chabannes.

A quel punto, sebbene fosse poco conosciuto dal grande pubblico francese, Aznavour aveva già ottenuto il riconoscimento di diverse figure importanti del mondo dello spettacolo.

Sotto i riflettori e gli sguardi affascinati di migliaia di telespettatori, esegue con commovente intensità "Le Palais de nos chimères", una canzone che, come un riflesso della sua anima, risuona con le aspirazioni e i sogni del pubblico.

Questa esibizione televisiva, impregnata della passione e dell'autenticità di Aznavour, servì da catalizzatore per la sua fama.

Ha aperto una finestra su un pubblico più ampio, un palcoscenico dove la sua voce, le sue parole e la sua presenza hanno catturato l'attenzione di un pubblico nazionale e persino internazionale.

La sua performance, carica di emozioni e poesia, ha allargato la cerchia dei suoi fan, toccando cuori e menti ben oltre le consuete sale da concerto.

Il cinema

Nel vibrante caleidoscopio della sua carriera, Charles Aznavour non ha brillato solo sul palcoscenico musicale, ma anche sotto i riflettori del cinema.
Tra il 1956 e il 1959, Aznavour ha attraversato il tessuto del cinema francese, segnando ogni tela con il suo talento unico.

Nel film "Une gosse sensass" del 1956, Charles Aznavour non solo interpreta se stesso come cantante, ma compone anche la colonna sonora, apportando al film la propria firma musicale.

L'anno successivo, si è infilato nel set di "Paris Music Hall" di Stany Cordier, aggiungendo una nuova sfaccettatura al suo ritratto di artista.

In un'apparizione realistica, ha interpretato se stesso in "C'est arrivé à 36 chandelles" di Henri Diamant-Berger, un cenno al suo personaggio pubblico.

Nel film, la signora Magnin si oppone al matrimonio della figlia Brigitte con un modesto operaio e inventa una relazione adulterina per tenere lontano l'amante.

Poi cercò di far sposare Brigitte con un uomo ricco che lavorava al programma di intrattenimento di RTF "36 Chandelles".

Alla fine, lo spettacolo ha avuto un ruolo fondamentale nel riconciliare i due giovani amanti.

Il film fa da sfondo all'apparizione di molte star dell'epoca, tra cui Charles Trenet e Charles Aznavour.

Il 1959 fu un anno ricco di eventi per Aznavour nel mondo del cinema.

Ha visto Aznavour esplorare profondità drammatiche più intense, interpretando il ruolo di Heurtevent in "La Tête contre les murs" di Georges Franju, una performance che ha dimostrato la sua versatilità e la capacità di catturare emozioni complesse.

Il film racconta la storia di un giovane senza scopo che viene internato per aver sfidato il padre ricco, esplorando le questioni sociali sulla definizione e il trattamento della malattia mentale.

Porta il suo carisma unico in "Oh! Qué mambo" di John Berry, naviga nel mondo dei giovani seduttori in "Les Dragueurs" di Jean-Pierre Mocky ed entra nel mondo onirico e poetico di "Le Testament d'Orphée" di Jean Cocteau.

Ognuno di questi film è una nota nella partitura della sua carriera di attore, che rivela la diversità del suo talento e la sua capacità di immergersi in una varietà di mondi artistici.

L'Olympia

Il 1955 è l'anno in cui Charles Aznavour, come un faro nel mondo della chanson francese, illumina un palcoscenico prestigioso, l'Olympia, dal 1° al 21 giugno.

Esibendosi in questo tempio della musica, situato nel cuore vibrante di Parigi, Aznavour non solo ha condiviso il cartellone, ma ha anche respirato la stessa aria artistica della leggenda vivente del jazz Sidney Bechet.

Nonostante le critiche talvolta acerbe alla sua voce e al suo aspetto, Charles Aznavour, come una fenice che risorge dalle proprie ceneri, tornò a brillare sul leggendario palco dell'Olympia dal 29 dicembre 1955 al 17 gennaio 1956.

È stato la prima nota di una sinfonia eclettica che comprendeva anche la voce struggente di Gloria Lasso e il fascino frizzante di Annie Fratellini.

Ha aperto lo spettacolo per il dinamico e irresistibile duo comico di Roger Pierre e Jean-Marc Thibault, aggiungendo un tocco di profondità emotiva e lirismo alla serata.

Questo ritorno sul palcoscenico dell'Olympia è stato più di un'esibizione; è stata una dichiarazione, un chiaro messaggio che né il giudizio né gli ostacoli potevano ostacolare la passione e la determinazione di Aznavour.

Ogni sera ha incantato il pubblico, creando un legame indissolubile tra le sue canzoni e il cuore di chi le ascoltava, dimostrando che la vera essenza dell'arte trascende la critica e tocca l'anima.

"Sulla mia vita

Nel 1955, sotto la sapiente direzione di Lévon Sayan e incoraggiato da Bruno Coquatrix, l'innovativo direttore dell'Olympia, Charles Aznavour crea "Sur ma vie".
Questa canzone, un magico intreccio di note e testi, superò rapidamente lo status di semplice melodia per diventare un vero e proprio inno e un classico della chanson francese.

È stato il primo grande successo di Aznavour, salito al numero uno delle classifiche nell'aprile del 1956 e diventato una parte centrale del suo repertorio.

Con la sua melodia accattivante e i suoi testi commoventi, "Sur ma vie" ha rivelato la capacità unica di Aznavour di toccare i cuori.

Quest'opera è stata ripresa e reinterpretata da artisti famosi come Dalida con "Glaub an mich" e lo stesso Aznavour con "Believe In Me", un adattamento in inglese.

Anche Les Compagnons de la Chanson e Johnny Hallyday hanno fatto propria la canzone, aggiungendo le proprie sfumature e celebrando l'influenza di Aznavour.

"Sur ma vie" è diventata molto più di una canzone: è un fenomeno culturale, un'ondata di emozioni che continua a travolgere le generazioni.

Ogni copertina è un tributo al suo genio nel raccontare storie in musica, rendendo "Sur ma vie" una sinfonia condivisa e un inno all'arte senza tempo di Aznavour.

Crocifisso sul bolster

Nel cuore degli anni d'oro del 1955 e del 1956, Charles Aznavour, come un maestro della melodia, ha realizzato una serie di successi discografici che si sono riverberati in tutto il panorama musicale francese.

Tra queste pepite, canzoni come "À t'regarder", "Vivre avec toi", "Parce que" e "Après l'amour" brillavano per la loro singolare brillantezza, ogni brano una finestra sull'anima di Aznavour.

La canzone "Après l'amour", particolarmente notevole, è stata abbinata per la prima volta a "Sur ma vie" nello stesso disco, creando un duetto canoro indimenticabile.

La canzone fu considerata troppo osé per l'epoca a causa del suo testo erotico su una coppia a letto, che includeva versi suggestivi come

"Restiamo senza dire una parola
Senza fare una mossa
Dopo l'amore
Quando i nostri corpi si rilassano
Dopo l'amore".

Oggi queste parole possono sembrare banali, ma all'epoca furono ritenute troppo esplicite e portarono all'immediata censura della canzone.

In seguito, "Après l'amour" decolla da sola, protagonista di un super 45 giri intitolato audacemente "Interdit aux moins de ans de 16 ans".

Questo titolo, carico di una nuova audacia, ha catturato l'attenzione tanto per la sua qualità artistica quanto per la sua natura provocatoria.

Tuttavia, questi successi non sono stati privi di controversie.

In particolare, un'altra canzone di questo album, "Je veux te dire adieu", scritta da Gilbert Bécaud, scatenò una tempesta di critiche e un'ondata di censura.

Ritenuta sulfurea, la canzone suscitò un dibattito, mettendo Aznavour di fronte ai limiti di accettabilità dell'epoca, in particolare per il tema dell'adulterio.

Testi audaci ed evocativi come

"Dal momento che qualcun altro, oltre a me, può eliminare le vostre lamentele

Facendoti sgorgare rantoli e parole",

ha scioccato gli ascoltatori dell'epoca.

Questa audacia lirica portò alla censura della canzone, riflettendo la sensibilità culturale e le norme dell'epoca in termini di contenuti musicali.

Lungi dallo sminuire la genialità di Aznavour, queste reazioni hanno evidenziato la sua capacità di toccare argomenti delicati e di esplorare le frontiere dell'espressione artistica.

La collaborazione tra Charles Aznavour e Gilbert Bécaud ha dato vita a una sinergia musicale unica, in cui ciascun artista ha apportato la propria essenza alla creazione comune.

Questa chimica è particolarmente palpabile nell'interpretazione di Aznavour delle canzoni co-scritte.

Quando copre una frase cantata da Bécaud, Aznavour non si limita a riprodurla, ma la trasforma, dandole un carattere più audace e personale.

Questa audacia gli valse il suggestivo soprannome di "bolster crocifisso", una metafora che cattura l'intensità e la passione che egli portava nelle sue interpretazioni.

Nonostante le polemiche e il clamore suscitato da alcune sue canzoni, la seconda metà degli anni Cinquanta segnò un periodo di crescente riconoscimento per Aznavour.

Francia aznavourée

Questa ascesa fu così marcata che la stampa dell'epoca esclamò: "La Francia è Aznavourée".

Questa espressione, al tempo stesso giocosa e significativa, testimonia la profonda impronta che Aznavour ha lasciato nel panorama culturale francese.

La sua musica, i suoi testi, la sua presenza scenica, tutto ciò che lo riguarda è diventato un fenomeno, un movimento culturale a sé stante.

Tuttavia, nonostante questo folgorante successo, Aznavour è consapevole di dover ancora dimostrare il suo talento sul palcoscenico.

Non si adagia sugli allori; al contrario, persegue ardentemente il suo percorso artistico, cercando costantemente di reinventarsi, di sorprendere, di toccare.

Ogni esibizione è un'occasione per dimostrare la profondità della sua arte, per conquistare nuovi cuori, per dimostrare che dietro il successo della sua discografia si nasconde uno straordinario interprete dal vivo, un vero maestro della canzone.

All'apice delle sue capacità, Charles Aznavour incantava il pubblico con le sue popolarissime canzoni, ma non era immune dalla censura.

Censura

Nel 1956, Charles Aznavour attraversò ancora una volta la strada della censura, questa volta con la sua audace canzone "Moi j'fais mon rond".

In quest'opera, l'autore scivola nel mondo oscuro e spesso tabù della notte parigina, una narrazione incentrata su un pappone e una prostituta.

Aznavour, con il suo talento per le parole e la melodia, ha avvolto questa storia in una rete di rime tinte di slang parigino, dipingendo un quadro realistico e crudo delle strade di Parigi.

Tuttavia, questo tuffo nel mondo della vita notturna non è stato di gradimento per tutti.

Il comitato etico di Radiodiffusion-Télévision Française ha rapidamente stabilito che la trasmissione di "Moi j'fais mon rond" era inappropriata per il pubblico.

Le onde radio, allora custodi di una certa moralità, non accolsero questa canzone, relegandola al silenzio.

Curiosamente, questa censura divenne una pietra miliare nella carriera di Aznavour, segnando l'ultima volta che gli fu vietato di trasmettere.

Questo confronto con i limiti imposti dalla società dell'epoca non smorzò l'ardore creativo di Aznavour, ma anzi sottolineò la sua capacità di esplorare argomenti provocatori e dare voce a storie spesso taciute.

Con "Moi j'fais mon rond", ha tracciato un percorso audace, affermando il suo ruolo di artista che non esita a ritrarre i lati più oscuri della società, sfidando le onde della censura.

"La sua giovinezza... nelle sue mani".

Tra le gemme della discografia di Charles Aznavour, "Sa jeunesse... entre ses mains" occupa un posto speciale, una canzone nata molti anni prima di arrivare negli studi di registrazione.

Fu a Montreal, nell'effervescenza creativa dei suoi primi anni canadesi, che Aznavour compose le prime note e le parole di questa struggente melodia.

Solo nel 1956 "Sa jeunesse... entre ses mains" trovò la sua piena espressione, quando Aznavour registrò la sua prima versione ufficiale.

Questa canzone, che coglie con acuta sensibilità le sfumature della giovinezza e del tempo che passa, è destinata a diventare un monumento dell'opera di Aznavour.

In seguito, con un revival e una reinvenzione, la canzone è stata ribattezzata semplicemente "Sa jeunesse".

Con questo nuovo titolo, continua a toccare i cuori e le menti, portando l'impronta indelebile dell'arte di Aznavour. È una riflessione melodiosa sulla vita, un poema cantato che attraversa le generazioni, una testimonianza della capacità di Aznavour di catturare l'essenza universale dell'esperienza umana.

Dai primi schizzi a Montreal alla cristallizzazione in studio nel 1956, "Sa jeunesse" è diventata parte integrante dell'eredità musicale di Aznavour, una canzone che risuona con la stessa forza di quando è stata scritta.

Il 1956 fu l'anno in cui mise per la prima volta piede sul palco dell'Alhambra, aggiungendo un nuovo capitolo alla sua leggenda musicale.

Questa prima apparizione all'Alhambra fu seguita da un ritorno trionfale nell'ottobre del 1958, a testimonianza del suo crescente successo e del suo impareggiabile carisma scenico.

Il 2 dicembre 1958 Aznavour torna sul leggendario palco dell'Olympia.

Partecipando a un Musicorama, Aznavour ha condiviso il cartellone con altri illustri talenti, tra cui l'affascinante Petula Clark.

Questa serata all'Olympia, in cui si sono incontrate voci e melodie diverse, è diventata una consacrazione per Aznavour.

La sua performance, intrisa di emozione e passione, cattura il pubblico, che viene immediatamente conquistato dalla magia della sua presenza e dalla poesia delle sue canzoni.

Il successo è stato tale che il pubblico, entusiasta e commosso, ha chiesto il suo ritorno sul palco per due bis, un vibrante tributo all'artista e all'uomo.

"Credi in me

L'ascesa di Charles Aznavour alla celebrità internazionale è stata confermata da un'importante pietra miliare: l'uscita del suo album di 25 cm, "Credi in me!

In "Believe in me!", Aznavour presenta al mondo le versioni inglesi di alcuni dei suoi più grandi successi. "Sur ma vie" diventa "Believe in Me", "À t'regarder" diventa "I Look at You" e "Viens pleurer au creux de mon épaule" assume una nuova vita come "Cry upon My Shoulder".

Questi adattamenti non sono semplici traduzioni; sono reinterpretazioni, rivisitazioni dei suoi classici, trasposti con cura e sensibilità nella lingua di Shakespeare.

Ciascuna canzone di questo album, con i suoi testi meticolosamente rielaborati per rivolgersi a un pubblico di lingua inglese, dimostra la versatilità e l'ingegno di Aznavour come artista.

Non si limita a cantare in un'altra lingua, ma trasporta l'essenza stessa delle sue canzoni in un nuovo universo linguistico e culturale.

Con questo album, Aznavour non si è rivolto solo a un pubblico più vasto, ma ha creato un legame con gli ascoltatori di tutte le nazionalità, invitandoli a condividere il suo ricco ed emozionante universo musicale.

Incontro con Jacques Plante

L'incontro tra Charles Aznavour e il paroliere Jacques Plante fu un momento decisivo nella carriera di Aznavour.

La loro collaborazione ha prodotto una serie di canzoni di successo che sono diventate dei classici della chanson francese.

Queste opere hanno avuto un ruolo significativo nell'ascesa alla fama di Aznavour.

Questi includono

"I comici

L'iconica canzone di Charles Aznavour Les Comédiens, pubblicata nel 1962, ha avuto un ruolo cruciale nella sua carriera e nel mondo della chanson francese.

Il testo, scritto da Jacques Plante, e la musica, composta da Charles Aznavour, si combinano per creare un'opera profondamente commovente e riflessiva.

La canzone utilizza una struggente metafora teatrale per esplorare i ruoli che le persone ricoprono nella società, evidenziando come spesso mascheriamo la nostra vera natura dietro una facciata, proprio come i personaggi sul palco.

Questo approccio rivela le complessità e le contraddizioni interne degli individui, tra il loro personaggio pubblico e il loro vero io.
L'impatto di "Les Comédiens" sulla carriera di Aznavour è stato significativo, cementando la sua reputazione di cantautore di talento e facendogli guadagnare un riconoscimento internazionale: la canzone è stata infatti coverizzata da numerosi artisti.

"La Bohème

"La Bohème" è una delle canzoni più iconiche di Charles Aznavour, scritta insieme a Jacques Plante nel 1965.

Questa canzone, che Aznavour considerava uno dei suoi testi più belli, racconta la storia di un pittore che ricorda con nostalgia la sua giovinezza a Montmartre, un'epoca di povertà ma anche di amore e passione artistica.

Il testo evoca ricordi di una casa modesta, del "nido" della coppia e della vita bohémien, con immagini suggestive come quella della giovane donna che posa nuda per il pittore.

La melodia malinconica e il testo poetico della canzone catturano l'essenza di un'epoca passata.

In un'intervista rilasciata a Le Parisien nel 1995, Aznavour ha condiviso un dettaglio toccante della sua interpretazione de "La Bohème": l'uso di un fazzoletto per simboleggiare la purezza e la fuga della giovinezza.

Questa performance dal vivo aggiunge uno strato di emozioni e significati a una canzone già profondamente toccante.

"Per me, formidabile

"For Me, Formidable" è stata composta da lui stesso e scritta da Jacques Plante.

Pubblicato nel 1963, è tratto dal suo decimo album intitolato "Qui?

La canzone è nota per la sua gioiosa fusione di francese e inglese, un mix linguistico che ha contribuito al suo successo internazionale e al suo posto tra i classici della chanson francese.

La canzone ha la forma di una dichiarazione d'amore umoristica, con un testo che alterna il francese all'inglese, un approccio piuttosto innovativo e giocoso per l'epoca.

Il verso "Tu sei quello per me, per me, formi, formidabile" è un esempio di questo gioco di parole e linguaggi, che illustra la creatività di Jacques Plante nella scrittura e nella composizione.

Eddie Barclay

Gli anni Cinquanta e Sessanta in Francia sono stati un periodo di trasformazione per l'industria musicale, in gran parte influenzata da artisti del calibro di Eddie Barclay.

Primo produttore discografico a stabilire partnership strategiche con stazioni radio e sale da concerto, Barclay ha svolto un ruolo fondamentale nella produzione e distribuzione musicale.

La sua collaborazione con Lucien Morisse di Europe 1 e Bruno Coquatrix dell'Olympia creò una potente rete che collegava efficacemente la produzione musicale alle trasmissioni radiofoniche e agli spettacoli teatrali.

Questo approccio innovativo ha contribuito all'emergere di nuove stelle sulla scena musicale francese.

La visione e le strategie di Barclay hanno avuto un impatto duraturo sull'industria musicale, cambiando il modo in cui la musica veniva commercializzata e resa popolare in Francia.

Il 1960 fu un anno cruciale nella carriera di Aznavour, una svolta decisiva nel suo percorso musicale.

Nello stesso anno lascia Ducretet-Thomson per unirsi alla prestigiosa etichetta Barclay.

Questo cambiamento, lungi dall'essere insignificante, aprì ad Aznavour un mondo di possibilità, uno spazio in cui la sua arte poteva fiorire con rinnovata libertà e maggiori risorse.

Con Barclay, Aznavour trovò non solo un'etichetta, ma un vero e proprio partner artistico.

Questa collaborazione gli conferisce una maggiore latitudine creativa, permettendogli di scolpire le sue canzoni con una precisione e una passione ancora maggiori.

Durante il periodo trascorso con Barclay, Aznavour visse un periodo di intensa fioritura artistica.

Tuttavia, fedele al suo spirito indipendente e all'impegno per la sua integrità artistica, reagì in modo rapido e deciso alla vendita della casa discografica.

Aznavour scelse di lasciare Barclay, una mossa che sottolinea la sua determinazione a mantenere sempre il controllo sulla sua arte, senza mai compromettere la sua visione in nome di considerazioni commerciali.

.

"Le due chitarre

Uno dei primi frutti di questa nuova alleanza è il 25 cm contenente "Les deux guitares", un brano infuocato che inaugura una lunga e prolifica collaborazione con il pianista e direttore d'orchestra Paul Mauriat.

"Les deux guitares" è una canzone di ispirazione gitana profondamente radicata nelle radici culturali di Charles Aznavour.

La canzone, con i suoi ritmi incalzanti, evoca un irresistibile desiderio di ballare, riflettendo l'energia e la passione tipiche della musica gitana.

Il testo di "Les deux guitares" parla di giovinezza perduta e di nostalgia.

Rappresentano l'immagine di due musicisti gitani che suonano incessantemente le loro chitarre, riaccendendo ricordi ed emozioni del passato.

Questa evocazione della giovinezza e dei ricordi perduti è un tema ricorrente nell'opera di Aznavour.

La canzone è stata eseguita per la prima volta in russo dal padre di Charles Aznavour, Mischa Aznavourian, originario della Georgia, aggiungendo così un ulteriore livello di autenticità e profondità culturale al brano.

"Ti sei lasciato andare"

"Tu t'laisses aller" è uno sguardo franco e acre sulla realtà del matrimonio.

I testi, che ritraggono una moglie trascurata attraverso descrizioni come le calze cadenti, l'accappatoio disordinato e l'uso dei bigodini, riflettono uno stile di narrazione diretto e senza fronzoli.

All'epoca della sua uscita, la canzone ha risuonato con il pubblico grazie alla sua miscela di umorismo nero e realismo sociale.

Aznavour era noto per la sua capacità di cogliere le complesse sfumature della vita quotidiana e delle relazioni umane, spesso con un tocco di ironia o sarcasmo.

La cover di Caetano Veloso di questa canzone, cantata in francese, è una testimonianza dell'impatto e dell'universalità dell'opera di Aznavour.

Le esibizioni di Veloso sono state spesso accolte da risate, a dimostrazione del fatto che, nonostante la specificità culturale dei testi, l'umorismo e il talento di Aznavour trascendono le barriere linguistiche e culturali.

La canzone, che descrive criticamente l'aspetto e il comportamento trasandato di una moglie, utilizza stereotipi di genere che oggi sono ampiamente considerati superati e offensivi.

Le descrizioni della donna nella canzone, che si concentrano sul suo aspetto fisico e sulla mancanza di cura personale, possono essere viste come un rafforzamento delle idee sessiste.

All'epoca, questa canzone poteva essere percepita in modo diverso, ma nel contesto odierno le norme e gli atteggiamenti verso le rappresentazioni di genere sono cambiati notevolmente.

Dobbiamo riconoscere che, sebbene Aznavour sia un artista rispettato e questa canzone faccia parte del suo vasto repertorio, trasmette messaggi che non corrispondono agli standard contemporanei di uguaglianza e rispetto per le donne.

La critica di questi aspetti non sminuisce il contributo complessivo di Aznavour alla musica, ma invita a riflettere sull'evoluzione delle norme sociali e culturali.

Nel 2021, durante un concerto alla Philharmonie de Paris, il famoso artista brasiliano Caetano Veloso ha creato un momento di particolare emozione eseguendo una parte della canzone di Charles Aznavour "Tu t'laisses aller".

Veloso, noto per il suo talento di autore di canzoni e per le sue eclettiche interpretazioni di opere di altri artisti, ha scelto questa iconica canzone di Aznavour, nota per il suo testo espressivo e il suo carattere schietto.

Spiegando di aver già cantato la canzone alla Cité de la Musique anni prima, Veloso ha proposto un'interpretazione in francese, sottolineando la sua ammirazione per Aznavour e la chanson francese.

Tuttavia, ha scelto di non eseguire la canzone nella sua interezza, citando il rischio di perdersi nel testo data la sua lunghezza e complessità....

La censura continua

Nel teso contesto della guerra d'Algeria del 1960, Aznavour si fa notare con "L'Amour et la Guerre", scritta da Bernard Dimey.

La canzone, con il suo messaggio pacifista, è stata censurata e bandita dalla radio nazionale francese.

Tuttavia, ha avuto una risonanza particolare quando è stata scelta come colonna sonora del film "Tu ne tueras point" di Claude Autant-Lara, a testimonianza della forza del suo messaggio.

"Mi vedevo già

La storia inizia in un bar di Bruxelles, dove Aznavour sente un giovane artista belga, vestito con un abito blu, eseguire una canzone.

Questo incontro ebbe un effetto così profondo su Aznavour che la sera stessa, in albergo, scrisse il testo di "Je m'voyais déjà".

Il titolo ironico riflette i sogni e le aspirazioni degli artisti, un tema che risuonava personalmente con Aznavour.

Inizialmente propose la canzone a Yves Montand, ma Montand rifiutò, sostenendo che si trattava di artisti.

Aznavour decise di eseguirlo lui stesso.

La sua prima esecuzione di "Je m'voyais déjà" ebbe luogo all'Alhambra di Parigi il 12 dicembre 1960.

Di fronte a un pubblico inizialmente poco reattivo, ha scelto di cantare dando le spalle al pubblico, una messa in scena che illustra la storia di un artista in cerca di riconoscimento e successo, tema centrale della canzone.

Questa insolita performance affascina il pubblico.

Alla fine della canzone, nella stanza c'è un silenzio pesante, un momento di intensa suspense.

Tuttavia, quando Aznavour è tornato sul palco, il silenzio è stato rotto dagli applausi entusiasti del pubblico.

Questa ovazione ha segnato una svolta: quella che era iniziata come un'accoglienza fredda e riservata si è trasformata in un trionfo inaspettato e clamoroso.

In "Je m'voyais déjà", il protagonista, vestito con un abito blu, sogna fama e riconoscimento, aspirando a "firmare foto per ammiratori che si accapigliano" e a vedere il suo nome brillare più di ogni altro.

A 36 anni, Aznavour si rivede in questo personaggio, una sorta di autoritratto di un artista che aspira alla fama.

Questa canzone, che rifletteva le sue aspirazioni e i suoi insuccessi, divenne il trampolino di lancio della sua carriera in quella famosa notte all'Alhambra. Una volta raggiunto il successo, non si guardò più indietro.

"Devi sapere

Nel dicembre 1960, Charles Aznavour elettrizzò l'Alhambra con uno spettacolo indimenticabile, al centro del quale brillava "Je m'voyais déjà", una canzone destinata a diventare il titolo del suo album LP del 1961.

Nello stesso anno, "Il faut savoir" viene pubblicato su 45 giri, aggiungendo un'altra gemma alla sua discografia.

Georges Garvarentz

Georges Garvarentz, il talentuoso compositore e più stretto collaboratore musicale di Charles Aznavour, ha lasciato un segno indelebile nel mondo della musica francese.

In quanto cognato di Aznavour, il loro sodalizio musicale ha prodotto molte canzoni iconiche che sono entrate nella storia della musica.

Una delle aree in cui Garvarentz ha brillato è stata la composizione di musica per film.

I suoi disegni per film come "Un Taxi pour Tobrouk" e "Le Tatoué" sono diventati dei classici del cinema francese.

È stato in grado di catturare l'essenza dei film attraverso la sua musica, aggiungendo una dimensione emotiva inestimabile alle scene e alle storie.

In un'esplosione di creatività condivisa, Aznavour, in collaborazione con il cognato Georges Garvarentz, compose tre canzoni memorabili per un giovane cantante allora in ascesa: Johnny Hallyday. "Retiens la nuit", "Il faut saisir sa chance" e "Sam'di soir" diventano successi immediati, gioielli della corona del rocker francese.

"Retiens la nuit

Nel mondo della musica francese degli anni '60, una canzone è emersa come un classico, portando l'impronta di tre talenti eccezionali: Charles Aznavour, Georges Garvarentz e Johnny Hallyday.

La melodia di "Retiens la nuit" è stata creata da Georges Garvarentz, noto compositore e stretto collaboratore di Aznavour.

La canzone languida e lenta che ne risultò fu scelta da Johnny Hallyday, che stava cercando di ampliare il suo repertorio musicale.

È stato Charles Aznavour a portare le parole su questa melodia, creando un testo che sarebbe diventato un classico del repertorio di Johnny Hallyday.

Questa canzone segna il secondo contributo di Aznavour alla carriera di Hallyday.
"Retiens la nuit" è diventata un esempio dell'emozione pura che i testi di Aznavour potevano evocare.

La canzone ebbe un enorme successo di pubblico, cambiando il modo in cui la critica percepiva Johnny Hallyday.

Non solo era un rocker provocatorio, ma poteva anche essere un interprete gentile ed emotivo.

"Retiens la nuit" è stato il catalizzatore di questa trasformazione, mettendo in luce il suo talento di interprete versatile.

Inoltre, l'inclusione della canzone nel film "Les Parisiennes" del 1962 ha aggiunto un ulteriore strato di fama a "Retiens la nuit", con Johnny Hallyday che interpreta la canzone per Catherine Deneuve.

Va notato che nel film è stata utilizzata una versione alternativa e più breve della canzone, creando una versione unica di questo classico.

Questa versione alternativa è rimasta inedita su disco fino a una successiva pubblicazione nel 1993.

"Il più bello per la danza

"La Plus Belle pour aller danser" è una canzone iconica cantata da Sylvie Vartan per il film del 1964 "Cherchez l'idole".

Questa canzone, scritta da Charles Aznavour e composta da Georges Garvarentz, è diventata un vero e proprio inno del suo tempo.

Sylvie Vartan, allora diciannovenne cantante di yé-yé, ha conquistato il pubblico giapponese con questo film, proiettato in Giappone con il titolo "Aidoru o Sagase" e in inglese come "The Chase".

La canzone "La plus belle pour aller danser" ha avuto un successo fenomenale in Giappone, vendendo oltre un milione di copie.

Al di là del successo commerciale, la vera influenza di Sylvie Vartan sulla cultura giapponese si può vedere nel suo stile unico e nel suo carisma.

Era giovane, attraente e aveva un innegabile talento musicale.

Ispirandosi al titolo del film, l'industria dell'intrattenimento giapponese ha adottato il termine "aidoru" ("idol") per indicare cantanti come Momoe Yamaguchi, Junko Sakurada e Masako Mori, tutte accomunate da un'estetica e un fascino simili a quelli di Vartan.

"La mamma

Nel 1962, Aznavour pubblicò una serie di singoli su 45 giri, lasciando il segno nello Zeitgeist con canzoni come "Trousse-chemise", "L'amour c'est comme un jour", "Esperanza" e "Les comédiens". Quest'ultima, in particolare, è stata la sua prima collaborazione di successo con il paroliere Jacques Plante, aprendo la strada ad altre creazioni memorabili.

Questo è stato anche l'anno in cui lo abbiamo visto in "Il diavolo e i dieci comandamenti" di Julien Duvivier, un film di sketch, e "Le quattro verità", un adattamento cinematografico della favola di Jean de La Fontaine.

Il 1963 fu un anno di grandi cambiamenti e innovazioni per Aznavour.

Si fa conoscere con la pubblicazione del suo primo album LP da 30 cm, il formato che diventerà standard, segnando la fine dell'era degli LP da 25 cm.

Il primo album include canzoni iconiche come la bilingue "For me... Formidable", la struggente melodia "Qui?", la toccante innocenza di "Donne tes seize ans" e la struggente teatralità di "Bon anniversaire".

"Dai i tuoi 16 anni

Nel contesto attuale, "Dai i tuoi 16 anni" potrebbe essere controverso.

Pubblicata in un'epoca diversa, quando le norme sociali e la sensibilità culturale erano diverse da quelle di oggi, questa canzone riflette gli atteggiamenti e le percezioni del suo tempo.

La canzone parla di una sedicenne e della sua attrazione per un uomo più grande, un tema che oggi sarebbe probabilmente criticato per la sua rappresentazione di rapporti di età e dinamiche di potere potenzialmente problematici.

La reazione a una canzone del genere, se fosse pubblicata oggi, sarebbe probabilmente influenzata da un contesto sociale e culturale che dà priorità alla protezione dei giovani e mette in evidenza i temi della correttezza e del rispetto nei rapporti interpersonali.

Mostra come la musica e l'arte in generale siano ricevute e interpretate attraverso il prisma dei valori e delle norme di una determinata epoca.

Nell'attuale clima sociale, caratterizzato da una crescente consapevolezza dei problemi legati al consenso e all'importanza di proteggere i minori, il testo di "Donne tes 16 ans" potrebbe essere percepito come inappropriato o controverso.

Al suo secondo album, Charles Aznavour continua a brillare con canzoni memorabili. Tra queste, la struggente "La mamma", frutto della collaborazione con Robert Gall, padre di France Gall.

L'album comprende anche "Je t'attends", una magnifica canzone nata dalla collaborazione con Gilbert Bécaud, la jazzistica e orecchiabile "Sylvie" e "Et pourtant", uno dei più grandi successi del duo Aznavour-Garvarentz.

Ogni canzone di questo album è una testimonianza del talento eclettico di Aznavour e della sua capacità di toccare il cuore del suo pubblico.

"E tuttavia"

"Et pourtant", una memorabile collaborazione tra Charles Aznavour e Georges Garvarentz, spicca come una gemma dell'album "La mamma" pubblicato nel 1963.

Una delle più notevoli canzoni d'amore del duo, ha avuto un ruolo cruciale nel trionfo dell'album, vendendo oltre un milione di copie in Francia e stabilendo il suo posto in cima alle classifiche.

In quest'opera, Aznavour e Garvarentz affrontano con delicatezza e profondità i temi dell'amore e delle sue complessità.

"Et pourtant" si immerge nei conflitti interiori legati alla straziante decisione di porre fine a una relazione dannosa, anche quando sono presenti forti sentimenti.

Il testo della canzone riflette l'amara ma necessaria comprensione del fatto che a volte bisogna arrendersi per il proprio benessere e la speranza di un futuro migliore.

Il tema della difficoltà di lasciarsi nonostante un amore persistente ha una risonanza universale e questa canzone evidenzia la capacità di Aznavour di catturare sentimenti complessi e illustrare con finezza situazioni amorose complesse.

Giorgio, il figlio maledetto

"La Mamma", canzone struggente ed emblematica dell'album omonimo, è una delle opere più memorabili di Charles Aznavour, pubblicata nel 1963.

Questa canzone racconta la storia commovente degli ultimi momenti di una matriarca, circondata dalla sua famiglia, compreso Giorgio, il figlio un tempo bandito.

Robert Gall, padre della famosa cantante France Gall, ha scritto il testo di questa canzone, che ha toccato il cuore di molti ascoltatori.

La Mamma", l'undicesimo album in lingua francese di Aznavour, ha avuto un enorme successo, raggiungendo la vetta delle classifiche francesi per diverse settimane e diventando un grande successo in Spagna, Belgio, Paesi Bassi e altri paesi.

Vendendo oltre un milione di copie solo in Francia, l'album è diventato un bestseller.

Negli Stati Uniti, Ray Charles ha eseguito la versione inglese di "La Mamma", intitolata "For Mama" e scritta nel 1964 con testi di Don Black.

Carnegie Hall

Il 1963 è stato segnato anche da un momento storico: il concerto di Aznavour alla Carnegie Hall di New York il 30 marzo. Questo leggendario concerto, che per oltre 50 anni non è mai stato pubblicato come album, è stato finalmente registrato per il cofanetto "Aznavour Anthologie" (60 CD, 2014). Quest'anno, ricco di creazioni e pietre miliari, potrebbe essere considerato il migliore di tutti per Aznavour? L'abbondanza e la qualità delle sue produzioni in questo periodo depongono a favore di questa tesi, con ognuna delle sue opere che riflette un aspetto diverso del suo genio musicale e del suo ineguagliabile talento.

In un anno segnato da una serie di eventi storici, il concerto di Charles Aznavour alla Carnegie Hall si distingue come un momento storico.

Prima di quella data, Aznavour si era già fatto conoscere negli Stati Uniti, in particolare per il ruolo di Édouard Saroyan nel film di François Truffaut "Tirez sur le pianiste".

Questo concerto, tuttavia, segnò la sua ascesa come cantante sul suolo americano.

Quella sera, nonostante uno sciopero dei giornali di 113 giorni che avrebbe potuto oscurare la sua esibizione, Aznavour riuscì a riempire la Carnegie Hall, a testimonianza della sua crescente popolarità negli Stati Uniti.

Ha conquistato il pubblico con una serie di canzoni in diverse lingue, mettendo in mostra la sua incredibile versatilità.

Ha incantato il pubblico con performance in francese, inglese, italiano e spagnolo.

Ha colpito in particolare la sua cover in stile Maurice Chevalier di "Mômes de mon quartier" e la sua versione inglese di "Tu t'laisses aller".

Questa serata fu solo l'inizio della lunga storia di Aznavour con la Carnegie Hall.

Dalla sua prima apparizione autofinanziata nel 1963 alla sua ultima esibizione nel 1999, si è esibito 46 volte in questo luogo iconico, consolidando il suo status di icona della chanson francese e affascinando un pubblico internazionale a ogni visita.

Guardando indietro, il 1963 si è rivelato un anno fondamentale per la carriera di Aznavour. La sua esibizione alla Carnegie Hall non solo consolidò la sua fama internazionale, ma sottolineò anche la ricchezza e la diversità del suo talento. Ogni canzone e ogni concerto di questo periodo si sono aggiunti alla sua eredità, un altro capitolo della storia di un artista che ha conquistato il mondo con la sua voce e la sua arte.

"Come è triste Venezia

Nel 1964, Aznavour sorprende il mondo della musica con un album dalla misteriosa copertina grigia e senza titolo, ornata semplicemente da un suo disegno sotto la pioggia.

L'album è diventato rapidamente un tesoro musicale, comprendendo capolavori come "Que c'est triste Venise", "Le temps" e "Hier encore", oltre a canzoni ricche di emozioni come "À ma fille", "Il suffisait que je t'aime", "Avec" e "Quand j'en aurai assez".

Questo album è spesso citato come il migliore di Aznavour, ogni brano è una profonda espressione della sua anima artistica.

"Ieri

"Yesterday Still" continua a risuonare nei cuori degli amanti della musica anche dopo la sua creazione nel 1964 e la sua pubblicazione nel 1965.

Questa canzone struggente e malinconica, scritta da Aznavour e composta da Georges Garvarentz, cattura le riflessioni di un uomo anziano sulla sua vita passata.

I testi esprimono il rimpianto di aver sprecato la giovinezza inseguendo illusioni e amori fugaci.

Si rivolge a tutti coloro che si sono guardati indietro e si sono chiesti come il tempo sia volato via così velocemente.

Con versi come "Ieri avevo ancora 20 anni, accarezzavo il tempo", Aznavour colpisce nel segno, evocando la velocità con cui la vita passa e i rimpianti che ne conseguono.

L'impatto di "Hier encore" si è diffuso ben oltre i confini della Francia.

È stata coverizzata da artisti di fama internazionale come Bing Crosby, Shirley Bassey, Andy Williams ed Elton John, ognuno dei quali ha dato la propria interpretazione a questa melodia senza tempo.

Queste versioni in lingua inglese hanno contribuito a estendere la fama della canzone, facendola entrare nel repertorio classico della musica mondiale.

Nel 1964 Aznavour si fa conoscere anche nel mondo del cinema con il film "Cherchez l'idole".

In questo film ha scritto "La plus belle pour aller danser" per Sylvie Vartan e "Bonne chance" per Johnny Hallyday.

Lo stesso anno ha visto il lancio di un progetto ambizioso: la riedizione di 36 canzoni degli anni Cinquanta con nuovi arrangiamenti.

Pubblicate in tre LP dalla Columbia, queste ristampe hanno dimostrato la capacità di Aznavour di reinventarsi e di mantenere la rilevanza del suo lavoro nel corso degli anni.

Nel 1965, Charles Aznavour pubblica "Aznavour 65", un'opera che illustra perfettamente la capacità di Aznavour di navigare tra diversi generi musicali ed emozioni.

L'album offre una gamma variegata di sensazioni. "Le Toréador" affascina con la sua tensione palpabile, mentre "Je te réchaufferai", particolarmente popolare in Québec, seduce con la sua dolcezza rassicurante.

"Isabelle" si distingue per la sua intima teatralità e "Reste" colpisce per il suo potente crescendo.

Ogni brano di questo album è un viaggio distinto, che riflette un aspetto diverso del talento e della versatilità di Aznavour.

Non abbandona il cinema, apparendo in "Haute Infidélité" (1964), un film di sketch di vari registi, e in "La Métamorphose des cloportes" (1965) di Pierre Granier-Deferre, un film di gangster.

E naturalmente ha composto ed eseguito la sigla di "Paris au mois d'août".

Mireille Mathieu

Nel 1966, l'icona della chanson francese Mireille Mathieu iniziò una collaborazione storica con Charles Aznavour.

Da questa unione artistica nasce "Celui que j'aime", una canzone che diventa rapidamente uno dei primi grandi successi di Mathieu.

Impregnata della sensibilità e del talento canoro di Aznavour, questa canzone ha avuto un ruolo fondamentale nell'affermare Mathieu come figura di spicco della scena musicale francese.

La loro collaborazione non si fermò lì. Raggiunge l'apice nel 1981 con l'incisione di "Une vie d'amour", un duetto che si impone come emblema del loro sodalizio musicale.

Questa canzone non solo incarna la loro complicità artistica, ma illustra anche la capacità senza tempo della chanson francese di commuovere i cuori di diverse generazioni.

La canzone, interpretata da Mireille Mathieu e Charles Aznavour, è stata pubblicata nel 1981 su etichetta Barclay.

La canzone è inclusa nell'album di Aznavour "Autobiographie" ed è disponibile in tre versioni, tra cui una in russo.

Questa versione russa è un successo inarrestabile nell'Europa dell'est.

La consacrazione

Il 1966 segna una svolta nella carriera di Charles Aznavour, un periodo in cui ogni canzone e ogni nota testimoniano il suo genio artistico.

Un momento chiave dell'anno fu la genesi de "La bohème", un gioiello della corona di Aznavour.

La canzone aveva avuto origine un anno prima nell'operetta "Monsieur Carnaval". Composta con Jacques Plante, "La bohème" divenne rapidamente la canzone simbolo di Aznavour, un inno nostalgico alla vita da artista.

Nell'album Aznavour Barclay 80 296, che contiene "La bohème", scopriamo una collaborazione quasi paritaria tra Aznavour e Plante.

L'album è arricchito da brani come "Sarah", "Aime-moi", "Ça vient sans qu'on y pense" e "Quelque chose ou quelqu'un", tutti notevoli per le loro eccezionali orchestrazioni.

"Parigi in agosto

"Paris au mois d'août", che apre il lato B dell'album, si impone come il capolavoro indiscusso del duo Aznavour/Garvarentz.

Questa canzone grandiosa e memorabile è il fulcro dell'album.

"La bohème" è famosa anche per l'uso del fazzoletto, un gesto che è diventato iconico nelle performance di Aznavour, aggiungendo una dimensione teatrale alla sua interpretazione.

Contemporaneamente, nel 1966 viene pubblicato l'album "De t'avoir aimée", che si apre con "Et moi dans mon coin" e "Les enfants de la guerre" sui lati A e B.

L'album comprende canzoni profondamente toccanti come "De t'avoir aimée", "Les bons moments" e "Je l'aimerai toujours".

"D'ora in poi...".

Mentre gli anni Sessanta volgevano al termine, Charles Aznavour continuò a impreziosire il panorama musicale con una notevole creatività e diversità.

Questo periodo è stato segnato dalla pubblicazione di numerose compilation multilingue, che hanno sottolineato la portata internazionale di Aznavour e la sua versatilità come artista.

Oltre al successo nella musica, Aznavour si è avventurato nel mondo del cinema. In particolare, ha contribuito alla colonna sonora del film "Caroline chérie",

Aznavour rivisita anche alcuni dei suoi classici.

Opta per ri-registrazioni che infondono nuova energia alle sue canzoni già popolari.

Gli anni 1967 e 1969 furono particolarmente memorabili con la pubblicazione degli album "Entre deux rêves" e "Désormais...", ciascuno contenente canzoni che sarebbero diventate icone del suo repertorio.

"Emmenez-moi", con il suo ritmo incalzante e il suo testo evocativo, cattura perfettamente lo spirito di avventura. "Désormais", una ballata malinconica, colpisce per la sua forza emotiva.

Nel 1968, la sua carriera cinematografica prosegue con "Caroline chérie" di Denys de La Patellière, un film storico ambientato durante la Rivoluzione francese.

"No, non ho dimenticato nulla".

Nel 1971, l'album "Non, je n'ai rien oublié" non solo contiene una delle iconiche canzoni nostalgiche di Aznavour, ma rivela anche "Mourir d'aimer".

La title track spicca come un gioiello di poesia ed emozione.
"Non je n'ai rien oublié", scritta dallo stesso Aznavour e composta da Georges Garvarentz, è una toccante ode all'amore perduto e ritrovato.

Questa canzone, della durata di sei minuti, è una struggente evocazione del ricongiungimento con il proprio amore d'infanzia, un viaggio nel tempo segnato da nostalgia, ricordi felici, paure e speranze.

Aznavour eccelle come narratore, trasportando l'ascoltatore in un'avvincente storia di inaspettato ricongiungimento.

I testi evocano ricordi intimi e universali, creando un legame profondo con l'ascoltatore.

La composizione di Garvarentz si fonde armoniosamente con i testi di Aznavour, creando un'atmosfera al tempo stesso malinconica e profondamente commovente.

"Morire per amare

Nel 1969, la Francia fu scossa da uno scandalo che fece notizia: l'affare Gabrielle Russier. Questa giovane insegnante di letteratura, separata dal marito e madre di due figli, fu accusata di aver avuto una relazione amorosa con uno dei suoi allievi sedicenni. La loro relazione è stata presto scoperta dai genitori di Christian, che hanno sporto denuncia. Gabrielle è stata arrestata e messa sotto custodia della polizia. Successivamente è stata processata e condannata a una pena detentiva di un anno con la condizionale per rapimento e stupro di minore.

Il 1° settembre 1969, Gabrielle Russier si è tolta la vita circondandosi di gas nel suo appartamento di Marsiglia.

Questa storia ha affascinato il mondo del cinema e nel 1971 è uscito il film di André Cayatte "Mourir d'aimer", che approfondisce questo dramma con Annie Girardot nel ruolo principale dell'insegnante.

Profondamente commosso, Aznavour fu ispirato a scrivere una canzone che riflettesse la struggente storia di Gabrielle.

Con il permesso del regista, prese in prestito il titolo "Mourir d'aimer" per la sua canzone. Questa melodia, un misto di tristezza e malinconia, divenne rapidamente un classico.

Il 1972 vede Aznavour innovare e sfidare le convenzioni musicali. Da un lato, crea "Les plaisirs démodés", un gioiello melodico che intreccia passato e presente in perfetto equilibrio.

Nello stesso anno inizia a scrivere sceneggiature con "Les Intrus" di Sergio Gobbi, esperienza che ripete nel 1986 con "Yiddish Connection" di Paul Boujenah.

"Come si dice

Nell'era del post-Maggio 68, quando i tabù cominciavano a cadere, Aznavour ebbe il coraggio di comporre un'opera che trattava apertamente l'omosessualità, senza la minima traccia di ironia o di caricatura.

Negli anni '70, la maggior parte delle canzoni su questo tema erano leggere e beffarde, perpetuando stereotipi e pregiudizi.

Charles Aznavour ha scelto di raccontare la storia di un uomo che vive "solo con la mamma", circondato da una tartaruga, un canarino e un gatto.

Una quotidianità apparentemente ordinaria, tra il mercato e la cucina, dove a volte si dedica al cucito a macchina.

Tuttavia, man mano che la canzone procede, il giovane rivela il suo segreto più intimo.

Ci dice che il suo "vero lavoro è la notte", e che lo fa come travestito.

Con disarmante sincerità, ci racconta il suo atto molto speciale, che si conclude con uno strip-tease completo.

L'audace scelta artistica di Charles Aznavour ha segnato una svolta nella storia della musica popolare francese.

"Comme ils disent" è diventato un vero e proprio manifesto della tolleranza e dell'accettazione della diversità.

In una Francia in cui l'omosessualità era ancora un tabù nel 1972, questa canzone contribuì ad ammorbidire i costumi dell'epoca.

Divenne un inno per la comunità LGBTQ+ (anche se all'epoca l'acronimo non esisteva) e un successo indiscusso nelle discoteche gay.

Sulla scia della sua inesauribile creatività, Charles Aznavour ha dato vita a un altro capolavoro musicale intitolato "Les Plaisirs démodés".

La canzone rappresenta un'audace fusione di orchestrazione moderna ed elegante nostalgia che ha immediatamente conquistato il pubblico francese.

Il successo folgorante di questa melodia non può che essere il riflesso della mania generale per questa perfetta armonia tra passato e presente.

"Les Plaisirs démodés" ha conquistato cuori e orecchie in Francia, vendendo più di 300.000 copie, il che lo rende un vero e proprio trionfo.

Questa canzone fa leva sulle corde dell'anima francese, evocando ricordi di un'epoca passata e aggiungendo un irresistibile tocco contemporaneo.

"Les Plaisirs démodés" ha dato vita alla sua versione inglese, "The Old Fashioned Way". Pubblicata come singolo nel 1973 dalla Barclay Records (con "What Makes a Man" sul lato B), la canzone ebbe un notevole successo non solo in Francia, ma anche a livello internazionale.

Ha combinato armoniosamente un'orchestrazione moderna con un'elegante nostalgia, affascinando il pubblico di tutti i ceti sociali.

"The Old Fashioned Way" ha conquistato i cuori degli appassionati di musica, entrando in classifica nei Paesi Bassi, dove ha raggiunto il numero 5, nonché in Belgio e nel Regno Unito.

Nel Regno Unito, la canzone ha ottenuto risultati straordinari, rimanendo in classifica per ben 15 settimane.

"Lei

La canzone "She", scritta da Charles Aznavour e Herbert Kretzmer, è un vero gioiello musicale, la cui storia è ricca quanto la sua melodia.

"She" è stata originariamente scritta in inglese come sigla della serie televisiva britannica "Seven Faces of Woman".

Lo stesso anno, Aznavour ha registrato questa canzone anche in tedesco con il titolo "Sie" e in italiano con il titolo "Lei".
La canzone è stata successivamente adattata in francese con il titolo "Tous les visages de l'amour", e questa versione è stata inserita nell'album "Visages de l'amour".

"She" diventa un grande successo, raggiungendo la vetta delle classifiche del Regno Unito e la posizione numero 44 nella classifica Billboard Adult Contemporary negli Stati Uniti.

Amore a prima vista a Notting Hill

La cover di Elvis Costello del 1999, prodotta da Trevor Jones, ha avuto un ruolo importante nel film "Coup de foudre à Notting Hill".

L'interpretazione di Elvis Costello si distingue per il suo esagerato romanticismo, sottolineato dall'accompagnamento di una grande orchestra che ha dato alla canzone una dimensione emotiva intensa, perfettamente adatta al film.

Questa versione è apparsa nelle scene iniziali e finali del film ed è diventata una hit in classifica in Europa.

Un adattamento degno di nota è la versione francese intitolata "Elle", eseguita in duetto da Charles Aznavour e Thomas Dutronc.

Questa versione più veloce, con testi diversi, è stata pubblicata nell'album "Aznavour toujours" del 2011.

Nello stesso anno, il cantante americano Jack Jones ha reso omaggio ad Aznavour registrando "Write Me A Love Song, Charlie", un intero album di sue composizioni, che celebra il suo talento di compositore.

Armenia

L'uscita di "Ils sont tombés" ha segnato un momento chiave nella sua carriera, riflettendo il suo impegno personale nei confronti delle sue radici armene.

Ispirata al genocidio armeno del 1915, quest'opera rende omaggio alle vittime di questa tragedia storica, un argomento molto personale per Aznavour. La canzone ha avuto un impatto significativo, sensibilizzando il pubblico su questo genocidio spesso trascurato e rafforzando il ruolo di Aznavour come portavoce della causa armena.

Nel 1972 e nel 1973, Aznavour cercò di evitare di pagare le tasse in Francia, dichiarando di essere residente in Svizzera quando acquistò uno chalet a Crans-Montana.

Questo approccio potrebbe anche preservare il suo patrimonio sfruttando le agevolazioni fiscali della Svizzera.

Tuttavia, le autorità fiscali francesi hanno contestato questa dichiarazione di residenza principale in Svizzera.

È stata presentata una denuncia che ha portato a un processo.

In appello, Charles Aznavour è stato multato per l'equivalente di 6 milioni di euro e gli è stata comminata una pena detentiva sospesa di un anno.

Nel 1976, Aznavour fece un grande ritorno con l'album "Voilà que tu reviens", che includeva le canzoni autobiografiche "Mes emmerdes" e "Merci Madame la vie", che riscossero un enorme successo.

"Mes emmerdes" si distingue non solo per la sua qualità musicale, ma anche per il contesto in cui è stata scritta.

Aznavour scrisse la canzone in un periodo in cui aveva problemi con il fisco, un fatto che aggiunge uno strato di autenticità e di esperienza personale alla canzone.

"Mes emmerdes" ha trovato un posto di rilievo nella cultura popolare francese.

È stata utilizzata come sigla della serie televisiva "Mes amis, mes amours, mes emmerdes", e compare nel film "Julie et Julia" con Meryl Streep e Amy Adams.

Il 1978 segna una svolta più pacifica nella carriera di Charles Aznavour con l'uscita di "Un enfant est né", un album natalizio che si distingue per il suo carattere atipico.

Sebbene questo album non sia stato un grande successo commerciale, rappresenta un aspetto interessante della discografia di Aznavour, mostrando una diversa sfaccettatura del suo talento.

Sebbene l'album in sé non abbia avuto un impatto commerciale significativo, l'esecuzione di "Ave Maria", inclusa nell'album, ha occupato un posto speciale nei suoi concerti.
Questa canzone, nota per la sua bellezza melodica e la sua spiritualità, ha aggiunto una dimensione emotiva e senza tempo alle sue esibizioni.

Con l'avvicinarsi degli anni Ottanta, Charles Aznavour conclude un'epoca importante con Barclay, ma continua a innovare e a toccare il cuore del suo pubblico con una serie di album di riferimento.

In questo periodo ha pubblicato quattro album, tra cui uno struggente omaggio al poeta Bernard Dimey nel 1983. Questo album include "La salle et la terrasse", una canzone che è un bel tributo all'universo poetico di Dimey.

Il terremoto

L'impegno umanitario di Charles Aznavour è stato particolarmente evidente dopo il devastante terremoto in Armenia del 1988.

In risposta a questa tragedia, ha creato la Fondazione Aznavour per l'Armenia, dimostrando la sua dedizione ad aiutare e sostenere il Paese nel momento del bisogno.

La sua canzone "Pour toi Arménie", registrata nel 1989 in collaborazione con oltre ottanta artisti, è diventata un simbolo di solidarietà e speranza.

Il successo di questa canzone testimonia non solo il talento di Aznavour, ma anche il suo grande cuore e la sua capacità di unire le persone per una nobile causa.

Nel 2001, Aznavour ha ricevuto un'onorificenza eccezionale a Yerevan, la capitale armena, dove gli è stata intitolata una piazza ed è stata eretta una statua in suo onore a Gyumri, in riconoscimento dei suoi sforzi umanitari e del suo impegno per la patria.

Il 2002 ha visto Aznavour in un ruolo toccante e personale nel film "Ararat" di Atom Egoyan, che esplora il genocidio armeno, un tema legato alle sue origini e al suo patrimonio culturale.

Il 30 settembre 2006 Aznavour ha tenuto un concerto all'aperto a Erevan, al quale hanno assistito oltre centomila spettatori, celebrato come "eroe nazionale" dell'Armenia.

Bernard Dimey

Bernard Dimeya ha lasciato un segno nella cultura francese con il suo talento nella radio, nella scrittura e nella pittura.

All'età di 25 anni si trasferisce a Montmartre, dove stringe amicizia con artisti come Charles Aznavour e Léo Ferré.

Dimey divenne noto per le sue poesie e i suoi testi di canzoni, molti dei quali, come "Syracuse" e "Mon truc en plume", divennero successi memorabili, interpretati da artisti famosi come Yves Montand e Henri Salvador.

Le sue opere, spesso in gergo, riflettono la vita e i personaggi di Montmartre, testimoniando il suo amore per questo quartiere parigino.

Tuttavia, è stato l'album "Autobiographie", pubblicato nel 1980, a distinguersi particolarmente. L'album comprende la title track "Autobiographie", oltre a "Mon émouvant amour" - diventato un classico del palcoscenico - "Je fantasme" e "Mon ami, mon judas".

Queste canzoni, allo stesso tempo intime e universali, confermano la capacità di Aznavour di rinnovarsi e di toccare temi profondi con grande sensibilità.

Nel 1981, Aznavour segnò un'altra pietra miliare nella sua carriera collaborando con Les Compagnons de la chanson per la canzone "Stenka Razine", che aveva scritto lui stesso.

Stepan (Stenka) Razine fu un capo cosacco e pirata del XVII secolo che guidò una rivolta contro la nobiltà e la burocrazia zarista.

Razine è diventato un simbolo di ribellione e resistenza nella cultura russa.

Una delle storie più famose legate a Razine è quella in cui getta in acqua la sua amante, una principessa catturata durante una spedizione persiana.

Questo aneddoto è stato immortalato in una canzone tradizionale russa.

Charles Aznavour ha portato questa leggenda a un pubblico più vasto quando ha eseguito "La Légende de Stenka Razine" con i Compagnons de la chanson.

Ha adattato la canzone tradizionale introducendo rime e arricchendo lo stile, creando un'opera ritmica che fonde sapientemente storia e musica.

Trema

Quando Eddie Barclay vendette la sua casa discografica alla Universal, Charles Aznavour prese l'importante decisione di lasciare la Barclay per la Tréma.

Sebbene questo periodo sia stato meno prolifico in termini di numero di album prodotti, solo quattro, è stato comunque ricco di canzoni memorabili.

Durante gli anni trascorsi con Tréma, Aznavour ha creato canzoni forti ed evocative come "Les émigrants" (1986) e "L'aiguille" (1987), che affrontavano temi contemporanei con profondità ed emozione, o argomenti più cupi e realistici come "Je bois" (1987), "Les bateaux sont partis" (1987) e "On ne veut plus de nous ici" (1992), canzoni che riflettevano disastri e sfide sociali.

La canzone "Je ne ferai pas mes adieux" (1987) si distingue per il suo tono divertente e profetico, aggiungendo una dimensione introspettiva e personale al suo lavoro.

L'album chiave di questo periodo è "Toi et moi" (1994). In questo album, Aznavour si concede un notevole esercizio di stile con "Je t'aime A.I.M.E." e torna alle grandi orchestrazioni e alle melodie classiche.

Questa riconnessione si realizza in particolare attraverso la collaborazione con artisti come Jacques Revaux ("Toi et moi"), Michel Legrand ("Un concerto déconcertant", "Va-t'en") e Charles Trenet ("Trenetement").

Nel 1991, Aznavour ha condiviso un memorabile momento artistico con Liza Minnelli al Palais des Congrès.

Questa collaborazione sul palcoscenico era tanto più significativa in quanto Aznavour e Minnelli avevano condiviso una relazione personale e avevano vissuto insieme per un anno all'inizio degli anni Sessanta, durante il soggiorno di Aznavour negli Stati Uniti.

La loro riunione sul palco ha segnato un momento di ricongiungimento, unendo le loro storie personali alla passione comune per la musica e le performance.

Nel 1994, Aznavour si è unito al tenore spagnolo Plácido Domingo per il terzo concerto annuale di quest'ultimo a Vienna.

Insieme a Domingo e al soprano norvegese Sissel Kyrkjebø, Aznavour ha contribuito a una celebrazione musicale unica, eseguendo una varietà di canti natalizi.

L'eredità

L'arrivo di Charles Aznavour all'etichetta EMI segna una nuova tappa nella diffusione della sua arte.

Questo periodo è segnato dalla prima grande ristampa in CD del suo lavoro, che copre l'intera carriera, dagli esordi alle produzioni più recenti.

Questa iniziativa ha reso la sua eredità musicale accessibile a un pubblico ancora più vasto, celebrando il suo inestimabile contributo alla chanson francese.

Nel 1995, Aznavour ha dimostrato il suo impegno per la musica acquisendo Les éditions musicales Raoul-Breton, una decisione che ha sottolineato il suo ruolo di custode della chanson francese e il suo desiderio di preservare questo patrimonio culturale.

Il riconoscimento del suo talento e della sua influenza non si è fermato qui.

Nel 1997, Aznavour è stato nominato Ufficiale della Légion d'honneur in Francia, un'onorificenza che è stata elevata al grado di Comandante nel 2004.

Aznavour ha lasciato il segno anche nel mondo della musica classica, collaborando con artisti di fama.

La sua interpretazione de "L'Ave Maria" di Gounod al fianco del tenore italiano Luciano Pavarotti è stata un momento memorabile, fondendo la chanson francese con il lirismo dell'opera.

Nel 1995 ha condiviso il palco con il famoso violoncellista russo Mstislav Rostropovitch, in occasione dell'inaugurazione della presidenza francese dell'Unione Europea, simbolo dell'unione tra musica e diplomazia.

Il suo rapporto professionale con il tenore spagnolo Plácido Domingo fu particolarmente fruttuoso.

Domingo ha spesso interpretato le canzoni di Aznavour, tra cui una versione da solista di "Les Bateaux sont partis" nel 1985 e versioni in duetto in francese e spagnolo nel 2008. Domingo ha anche eseguito dal vivo "Ave Maria" di Aznavour, dimostrando la capacità delle sue canzoni di trascendere generi e confini.

Ogni tappa di questo viaggio illustra la versatilità di Aznavour, la sua profonda influenza sul mondo della musica e il suo innegabile status di tesoro nazionale francese e icona mondiale della canzone.

Jazznavour

Alla vigilia del suo 70° compleanno, Charles Aznavour ha intrapreso un progetto audace e innovativo con l'album "Jazznavour" del 1998.

Questo album, un vero e proprio esercizio di rilettura, segna una nuova fase della sua carriera, caratterizzata da un'approfondita esplorazione del jazz e dalla preferenza per le collaborazioni in duo.

"Jazznavour" è una reinvenzione jazz dei suoi classici, che porta una nuova dimensione alle sue amate canzoni.

Per raggiungere questo obiettivo, Aznavour si è circondato di rinomati artisti jazz, creando sinergie musicali uniche.

Dianne Reeves, Jacky Terrasson, Michel Petrucciani, Eddy Louiss, Richard Galliano e André Manoukian hanno contribuito a questo album, portando il loro talento e la loro sensibilità jazzistica.

Questa collaborazione ha dato vita a interpretazioni fresche e vivaci delle sue canzoni.
Nel 2003 ha registrato il suo primo duetto padre-figlia con Katia Aznavour in "Je voyage", ha affrontato temi come l'inferno e il paradiso in "J'ai des amis des deux côtés" e ha denunciato la tortura e l'omicidio del giornalista Daniel Pearl in "Un mort vivant".

Poi, nel 2005, Aznavour ha intrapreso un tour d'addio in Nord America, che ha avuto inizio in Quebec e si è concluso nell'autunno del 2006 negli Stati Uniti e in Canada.

Nel marzo 2006 ha assunto il ruolo di presidente della giuria per la finale della selezione francese dell'Eurovision Song Contest, affiancato da Lara Fabian, Natasha St-Pier e dal cantante Gage.

Nel 2011, mentre entra nel suo ottavo decennio professionale, Aznavour pubblica l'album "Toujours", contenente alcune delle sue migliori canzoni degli ultimi 20 anni come "Va", "Viens m'emporter", "Ce printemps-là" e "La vie est faite de hasard", confermando il suo posto come figura unica nella chanson francese.

Cinema

Tra il 1968 e il 1982, Charles Aznavour arricchisce la sua eredità artistica con una serie di notevoli apparizioni cinematografiche.

Nel 1968, si fa notare in "Candy" di Christian Marquand, accanto a Ewa Aulin e Ringo Starr, e l'anno successivo appare in "Le Temps des loups" (Tempo di violenza) di Sergio Gobbi, condividendo lo schermo con attori famosi come Robert Hossein e Virna Lisi.

Negli anni Settanta Aznavour recita in una serie di film di rilievo. Da "The Games" (1970) di Michael Winner con Ryan O'Neal a "Un beau monstre" di Sergio Gobbi e "Les Derniers Aventuriers" di Lewis Gilbert con Alan Badel, Aznavour dimostrò una gamma impressionante di ruoli.

Nel 1971 recita in "La parte dei leoni" di Jean Larriaga con Robert Hossein e nel 1972 recita con

Marie-Christine Barrault in "Les Intrus" di Sergio Gobbi.

Nel 1973 e 1974 recita in The Blockhouse di Clive Rees e in Dix petits nègres (Ein Unbekannter rechnet ab) di Peter Collinson con Maria Rohm.

"Folies bourgeoises" di Claude Chabrol con Stéphane Audran e Bruce Dern, e "Intervention Delta" (Sky Riders) di Douglas Hickox con James Coburn e Susannah York aggiungono ruoli variegati e complessi alla sua lista di successi.

Il suo talento è stato riconosciuto a livello internazionale con il suo ruolo nel pluripremiato film di Volker Schlöndorff "Die Blechtrommel" (Il tamburo) nel 1979.

Nel 1981 appare in "Qu'est-ce qui fait courir David?" di Élie Chouraqui con Francis Huster e Nicole Garcia, mentre nel 1982 brilla in "La Montagne magique" (Der Zauberberg) di Hans W. Geissendörfer, "Les Fantômes du chapelier" di Claude Chabrol con Michel Serrault e "Édith et Marcel" di Claude Lelouch.

Per tutti gli anni Ottanta e Duemila ha continuato a lasciare il segno nel mondo del cinema, arricchendo la sua carriera di attore con una serie di film notevoli.

Nel 1983, Aznavour appare in "Viva la vie" di Claude Lelouch, accanto a Charlotte Rampling e Michel Piccoli, un film accattivante che dimostra la sua versatilità come attore. Nel 1986 recita in "Yiddish Connection" di Paul Boujenah con André Dussollier, continuando a esplorare ruoli vari e complessi.

Nel 1988 Aznavour recita in "Mangeclous" di Moshé Mizrahi, un film in cui divide lo schermo con Pierre Richard e Jacques Villeret.

L'anno successivo, nel 1989, recita ne "Il Maestro" di Marion Hänsel, con Malcolm McDowell e Andréa Ferréol.

Gli anni '90 e 2000 hanno offerto ad Aznavour una vasta gamma di opportunità cinematografiche, tra cui "Les Années campagne" (1991) di Philippe Leriche con Benoît Magimel, "Pondichery, dernier comptoir des Indes" (1996) di Bernard Favre con Richard Bohringer e "Le Comédien" (1996) di Christian de Chalonge con Michel Serrault.

Nel 1997 è apparso in "Sans cérémonie" di Michel Lang accanto ad Annie Cordy.

"La verità su Charlie" di Jonathan Demme, con Thandie Newton e Mark Wahlberg nel 2001, e

"Ararat" di Atom Egoyan, con Marie-Josée Croze nel 2002, dimostrano la diversità del suo talento.

Negli anni successivi, Aznavour ha continuato ad ampliare i suoi orizzonti cinematografici con "Ennemis publics" di Karim Abbou (2004), "Emmenez-moi" di Edmond Bensimon (2005) con Gérard Darmon e Zinedine Soualem, e "Mon colonel" di Laurent Herbiet (2006).

Ognuno di questi film, con la loro diversità di ruoli e generi, testimonia la ricchezza della carriera cinematografica di Aznavour.

Queste apparizioni, lungi dall'essere semplici apparizioni, sono espressioni del suo talento di attore e aggiungono una notevole profondità e varietà alla sua incredibile eredità artistica.

Conclusione

Al termine di questa esplorazione della vita e dell'opera di Charles Aznavour, siamo commossi dall'ampiezza della sua influenza e dalla profondità della sua arte.

La storia della sua vita rivela un percorso eccezionale, segnato dalla perseveranza, da un talento incomparabile e da un profondo impatto sul suo tempo e sulle generazioni future.

Aznavour ha conquistato il cuore di milioni di persone grazie alle sue canzoni emozionanti, alle sue performance accattivanti e al suo impegno sincero per le cause che gli stavano a cuore.

La sua capacità di attraversare i confini culturali e linguistici, di commuovere e ispirare, è una luminosa testimonianza del suo genio artistico e del suo posto unico nella storia della musica e della cultura.

In questo libro seguiamo le tappe fondamentali della sua vita, vedendo come ha affrontato sfide e trionfi, reinventando costantemente la sua arte.

Ogni capitolo riflette non solo le sue lotte e i suoi successi, ma anche la sua notevole capacità di rinnovarsi e di rimanere attuale e toccante attraverso i secoli.

Più che una semplice biografia, questo racconto è un omaggio all'influenza di Aznavour sulla chanson francese e sulla cultura mondiale.

Il libro mette in evidenza il luogo di un uomo che è stato molto più di un artista: un simbolo di speranza, resilienza e amore profondo.

Chiudendo questo libro, portiamo con noi lo spirito di Aznavour: uno spirito di coraggio, passione e instancabile ricerca della bellezza e della verità attraverso l'arte.

La sua musica, le sue parole e la sua eredità continuano a vivere, a ispirare e a commuovere, affermando la forza e la durata della sua arte.

Charles Aznavour sarà ricordato come un pilastro del mondo artistico, il cui lavoro ha illuminato la strada per le generazioni presenti e future.

© 2024 di Corbera10
Tutti i diritti riservati. Nessuna parte di questa pubblicazione può essere riprodotta, distribuita o trasmessa in alcuna forma o con alcun mezzo senza la previa autorizzazione dell'autore, salvo nel caso di brevi citazioni in recensioni.

Milton Keynes UK
Ingram Content Group UK Ltd.
UKHW020824141124
451205UK00012B/709

9 798227 006783